尋找善知識

《華嚴經》善財童子五十三參

陳琪瑛 著

推薦序

開啟寶庫之鑰

頂禮上師、諸佛菩薩！

五十三參的密義

《聖般若攝頌》云：「無智無德無菩提，如海佛法亦成無。」如是所說若無智慧，世出世間法一無所成，因此三門投入於聞思、尋找智慧是菩薩道的第一任務。這在《華嚴經》善財童子五十三參內，所指為行菩薩道的目標及方法。

在智慧的境界，一切萬法似有的顯示及無實的真理，之所謂不住於輪迴、不住於涅槃，《華嚴經》所說廣大的世界是禪定中顯現不可思議的境界，不管見地、修持、境界、善知識、眷屬、行為、果位等，超越了凡夫的意識和境界，似有似無、不生不滅。

《華嚴經》的內容為完整的佛法，即如一棵藥草具有它的特性、顏色、形狀、味道、藥效等有不共的特性。同樣地，佛說一切法為引導具善緣者入於善道、置於涅槃，但各經具有各自的特色，有些宣示總義或傳記、實修、行為、戒律等不同法語。

《華嚴經》包含三乘寶藏，聲聞乘為斷除輪迴的束縛而守持清淨的梵行戒，善財童子在善見比丘座下學得淨修梵行、聽聞妙法、受行其教，是為聲聞乘別解脫法。

大乘佛法的精華為智慧與慈悲，善財童子在文殊菩薩座下學得依止善知識的智慧法門，於觀音菩薩座下學得大悲行解脫門，為菩薩乘的妙境！

金剛乘宣說的歸納為煩惱道用的方便道及智慧道用的禪定法門，善財童子於婆須蜜多女座下學得菩薩離貪欲之無著境界三昧，於無上勝長者學得行清淨法門等方便法，於婆珊婆演底學得光明解脫門等智慧法門。因此密乘的一切修持，也在《華嚴經》中，以故事或以不可思議禪定次第宣示。

善財童子的智慧

《聖般若攝頌》云：「恆依諸位智者師，因智功德源於彼。」如是於整個佛教都非常重視依止善知識，稱為智慧之門、功德來源，善財童子是佛教依止善知識的典範。

佛於三乘教法中，一再強調依止善師，於聲聞乘的《別解脫經》內說：「傳戒善知識視為佛陀！」《大乘寶蘊經》云：「阿難！若有菩薩住車乘中，以五妙欲遊戲受用，隨欲受用，無有餘人曳其車乘。阿難！如來亦當獻身，馭此菩薩車乘。」因此有人宣說大乘菩薩法門，連佛陀都現身尊駕其車，遑論餘眾。

密乘內，視上師為真實佛而依止，《金剛心要莊嚴續》內云：「恆敬師弟子，如是觀其師，師與佛同等，彼即金剛持。」

善財童子依止善知識是三乘共同學習的法門，其國土、善知識、眷屬及經過、法、禪定、果位等，若以故事的角度來看，描述地非常詳細而夢幻，是很多人嚮往的境界。

以意義的角度去看，首為依止象徵智慧的文殊菩薩，此示以具善緣的弟子必須尋獲具智慧的善知識；所往方向為南方，南方在密乘壇城為功德之門，五行為地大——生長萬物之母。仔細研讀此法門，國土、善知識名號等都暗藏很多玄機，執著一境則無法通達《華嚴經》不可思議境；若具有清淨的意樂及無漏的禪定，人人都能跟隨善財童子入於無礙法界。

尊師重道為佛教的特點，過去於印度的蓮華生大士、阿底峽尊者、帕單巴大師等，依止眾多善知識、學習無數的法門，此唯智者的邁向所在。亦有如印度八十四成就者的大多數，依止一位善知識、專修一法門成就，西藏諺語云：「依止百位師，見德不見過。朝禮百聖地，生喜不厭倦。」如為此根器，即應依止眾多善知識。

又云：「清淨心者依百師，了知一切一智慧。煩惱心者依百師，一見新師忘舊師。」若有後二句的過失，即應先依止一位善知識學習。

若以故事為定位而閱讀善財童子的參學，直如非常精彩、豐富的科幻小說。但以修行人角度而看，不退轉的信心、敏銳的智慧、登刀山投火聚也毫不猶豫的無畏心，為了法，不論善知識的形相、歷經種種苦修等都甘願的精進心，此皆為修行菩薩道者均須牢記於心。

顯密雙運的華嚴境界

很多人認為《華嚴經》純粹為顯宗法門，尤其為華嚴宗專屬的一部經典，由文字上看來是為顯宗經典，但其名相、意義，尤其是各種禪定的次第，於密乘儀軌中都保留相當完整的修持，此於其他宗派內很難尋得，密乘的任何儀軌都是由空性智慧中顯現寂靜、忿怒各本尊及佛的國土無量宮等，回歸於智慧界中、最終融入空性，以五十三參對照密乘的儀軌如法如理。

舉例來說，第一參於文殊菩薩座下學習親近諸善知識的法門，為儀軌中的皈依、發心；於德雲比丘座下學習憶念諸佛普見法門；於海雲比丘座下學習普眼法門等為生起次第。密續云：「金剛置於蓮，一念諸佛修。」度母續云：「僅為顯現之神識，僅於心中作觀察，此心住虛空金剛，無有法亦無法性。」

於慈行童女座下學習的般若波羅蜜普莊嚴門，為觀外壇城無量宮殿；具足優婆夷座下所傳無盡福德藏解脫門，為五妙欲供養；於彌勒菩薩座下所學入三界一切境界不忘念智莊嚴藏，為念誦瑜伽等，整部故事能配合密乘儀軌的內容。

就無相圓滿次第對照而宣說，前行學習四大之音，心的導引、本覺的導引等，於《華嚴經》內有暗示，因此《華嚴經》為顯密的寶庫。

作者的研讀成果

陳琪瑛居士花了十幾年的時間，隨學好幾位教授，閱讀各種著名的《華嚴經》論典，深思及研究內容，陸續寫出很多包含博士論文在內、長短不一的文章，如春天的植物般一一展現於讀者眼前，如此長的時間研讀《華嚴經》，其精神的雨水已滲透於《華嚴經》的大海內，雖不知其遍布有多廣，但確可說為《華嚴經》的專家。看到此篇文章者，希望閱覽華嚴境界之美，模仿善財童子的信心、淨心、智慧、無畏、精進。希望以此簡括概要之序成為智慧之鑰，助於讀者啟開顯密之寶藏，將來能顯現普賢廣大願所說的一切功德！

仁珍千寶（寫於妙乘法苑，西元二〇一二年五月三十日）

推薦序

華嚴的現代文藝創作

一、華嚴思維與現代思潮

在我的一篇華嚴學論文〈華嚴思維與現代思潮〉中提及：民初提倡人生佛教的太虛大師，以及現代學者方東美、鎌田茂雄、方立天、陳琪瑛等多人，紛紛指出華嚴理念與現代思潮的呼應之處，如全球化理念、世界宗教、機體哲學、價值哲學、存在空間美學、現代科學等等方面。

華嚴思維與現代思潮相互呼應，在圓融的總綱領下，可分為：

1. 整體思維：華嚴的十玄、六相、因陀羅網，呼應於現代的機體哲學、一般系統論、宇宙全息統一論、無量之網（量子場）、生態環保、蝴蝶效應等思想。
2. 相待思維：華嚴的十句法、判教法、同異觀、善財童子五十三參、明珠寶網、華藏世界、十世隔法異成門、微細相容安立門，應和於現代的全球化理念、克魯泡特金的互助進化論、世界性宗教、詮釋無限度、解構主義、傅偉勳的多層詮釋法、現代天文學、愛因斯坦的相對論等思想。

3.價值思維：華嚴的佛境界、託事顯法生解門、唯心迴轉善成門、世界層級、空間情境、放光、普賢行、五十三參，相契於現代的價值科學、目的論生物學、存在空間美學、現代瀕死經驗研究、存在主義、赫賽的《悉達求道記》等思想。

從現代世界全體共存共榮、科學趨勢、哲學發展上可知，華嚴思想在現代思潮中，不但不退流行，更與現代主流思潮多有契合之處，無疑的，華嚴思想應可持續做為引導世界發展的重要理念。

二、華嚴的現代文藝美學創作

琪瑛在臺灣師範大學國文所撰寫的博士論文《《華嚴經・入法界品》空間美感的當代詮釋》，經法鼓文化出書，是從存在空間美學的角度詮釋《華嚴經》的意義。存在空間是人文主義地理學提出的，人文主義地理學興起於一九六〇年末期，以「人之主體存有」為地表空間的核心，與各種事物共存，因而創造出世界，「存在空間」是人參與、關懷而不斷發生意義的空間，是人賦予層層空間意義與凸顯價值，才成為真實存有的空間，而非實證科學的物化空間。《《華嚴經．入法界品》空間美感的當代詮釋》即是以人文主義地理學對「存在空間」的多種分析，如存在空間的基本圖式、存在空間的營建動力、儀式淨化的神聖空間、朝聖空間、場所精神……，以及透過美學、宗教理論，詮釋《華嚴經》的意義。

之後，琪瑛受邀於法鼓山《人生》雜誌撰寫「華嚴情境美學專欄」，持續五年筆耕不輟，此專欄之「美學」是指涉境界化的生活藝術，文中雖不特別談美，卻已然呈現生活的藝術境界，專欄從善財童子五十三參闡發華嚴情境，透過主體、客體的交互情境顯示出了豐富的華嚴意趣，每參又搭配兩張相片，運用現代攝影創作來襯托華嚴情境之美，圖文並茂。此一專欄作品，現由法鼓文化出版為《尋找善知識——《華嚴經》善財童子五十三參》，但基於篇幅限制，割捨了各參的圖相，有興趣的讀者不妨參看《人生》雜誌專欄。

《《華嚴經．入法界品》空間美感的當代詮釋》與《尋找善知識——《華嚴經》善財童子五十三參》可謂姊妹作，都是以善財童子五十三參為其內容，前書是知識殿堂的學術大作，後者則是適合大眾閱讀的雜誌專欄，據我所知，《《華嚴經・入法界品》空間美感的當代詮釋》與「華嚴情境美學專欄」皆備受好評，琪瑛儼然已是華嚴的現代文藝美學首屈一指的創作家了，十分難能可貴。

李治華（華梵大學佛教學系教師）

自序
心如工畫師

人生天地間，無法逃脫於天地大化的限制，同樣地忙碌辛苦，有人灑脫自在，愈見智慧；有人無奈煩亂，造業不斷。二者的差別，只在於能否善用其心。覺者的心，巧如工畫師，能為自己、為他人畫下天地間的大美；不覺者的心，雖然也是位畫師，卻只能以一「亂」字形容，是把自己和他人的天地都搞亂的畫師。《華嚴經》有首偈語：「心如工畫師，能畫諸世間，五蘊悉從生，無法而不造。」善畫者能畫出佛國淨土，如何讓自己成為一名善畫師，畫出你我世界的大美？

佛以智慧的彩筆畫下時空中最美的淨土，展現在闡述佛境界的《華嚴經》裡，其中〈入法界品〉又是《華嚴經》中最貼近我們生活世界的一品。此品是講述善財童子五十三參的朝聖故事，善財童子參訪各行各業的人物，從王公貴族到販夫走卒，不論是家庭主婦、或是世俗商人，都以高妙的智慧，凸顯出高度的生命品質，彩繪出最美好的生命情境，讓我們在平凡中見到最高貴的人格。人的生命品質，不在於職業的貴賤或收入的多寡，而是取決於心靈境界的高低。

善財童子參訪的五十三位善知識，其實都是法身大士示現為尋常中人，古德以菩薩階位做為科判，分析了善知識修證境界的差別（參見本書最後一篇總結〈圓滿生命的朝聖行〉）。法身大士修證境界的差別，對我們而言，是微細難分的，所以本書不重在探索菩薩階位的差別，而是著重在爬梳善知識所展現的生命智慧，撰寫上也就不依菩薩階位的經文順序一參一參地書寫，而是分門別類地鋪敘。本書將五十三參分為四部分：

一、行到水窮處

修道人常在僻靜處修行，深山、流水、樹林等遠離塵囂的自然環境，都是修道人喜居之處。因為靜謐的自然環境，容易讓人進入幽靜深玄的內在心靈，喚醒我們隱蔽的佛性。人生於天地之間，人與天地萬物本是一體，回歸天地，就是回歸我們自然本真的性情，也是返回我們佛性大海的本家。王維詩云：「行到水窮處，坐看雲起時。」山窮水盡處，何不就地而坐，靜觀當下的天光雲影，天地萬物雖然呈現不同的姿態，但都在喚醒我們內在的佛性。且看善知識如何在天地大化中體悟真理、展露佛性的善與美。

二、大隱隱於市

在複雜的塵世中，容易因外境的忙亂而浮躁，若能在忙碌的外境中，動而有顆內觀的靜心，覺照一切外境的變化而內心靜如處子，剋其煩惱、轉為菩提，則能開出不可限量的道種智慧，所謂「大隱隱於市」，是大乘菩薩行者的心願和工夫，能入世而又超脫於世俗之外。忙碌的現代人，如何在煩亂的城市生活中，忙得自在又寧定？讓善知識帶我們入世而又擁有超凡脫俗的智慧！

三、大夢中遊戲

人的一生，不論單純如身居幽谷般的清淨，或是複雜如政客奸商般的染濁，其實都是恍如一場夢，誰能在夢中當下覺醒，了悟一切顯相不過只是幻化暫有，就能不被纏縛而自在解脫！「我」是幻化的存在，何況「我」之外的一切顯相，沒有一法是真實存在，也沒有一法是永恆不變，一切顯相不過如夢幻泡影般的唯心所現。善知識跳脫了對任何一法的執著，因而在人生大夢中灑脫自在，隨因緣而以幻化遊戲的心境大作佛事。

四、望月幾回圓

當萬法都回歸如幻空性的本質，萬法圓滿具足的本來面目，當下全然體現。圓滿、圓融是《華嚴經》的核心，也是佛境界的特徵，更是萬法的本來面目。在佛境界當中，萬法都以其本自清淨、本自具足的圓滿姿態呈現，因為佛境界是全性全相，所以在佛境中的萬法皆能展現其全部的面相。五十三位善知識當中，等覺、妙覺菩薩的善知識最能將佛境界的廣大圓滿具體呈現出來，神遊其間，是打開我們簡單貧瘠的時空觀的最佳參訪之地，更是汲取佛陀智慧的最佳來源。

本書是長期在法鼓山《人生》雜誌「華嚴情境美學專欄」刊登結集而成，刊登期間，感謝華梵大學佛教學系李治華教師悉心挑選適合的照片，以烘托該參的情境，並感謝義務提供照片的黃文華師兄，因為兩位「華」兄，讓〈華嚴情境美學〉的情境之美有了烘雲托月的效果；然而本書基於篇幅和成本考量，必須割捨這些照片，並改了大眾化的題目。此外，也感謝上師仁珍千寶仁波切在菩提道上的教導加持，和母親、先生慈愛的照顧，以及一切愛護我的朋友，尤其感謝在我生命中出現的一切善緣或逆緣，讓我對生命的體驗更加豐富和深厚！

目次

壹

行到水窮處

貳

大隱隱於市

參

大夢中遊戲

肆

望月幾回圓

壹

行到水窮處

妙高山頭不容商量

第一參德雲比丘

善男子！於此南方，有一國土，名為勝樂；其國有山，名曰妙峯；於彼山中，有一比丘，名曰德雲。汝可往問：「菩薩云何學菩薩行？菩薩云何修菩薩行？乃至菩薩云何於普賢行疾得圓滿？」

我們習慣了人的語言，但忘了最初的語言——自然的語言，天地萬物都有一種共通的自然語言，不需要翻譯，也不需要學習，它是存在於天地之間，一切生命能夠心領神會的語言，並讓天地萬物達到和諧共融的自然平衡。

每個人都想成為完整健全的人，卻不知道成為完人的方法就是包容一切，像《華嚴經》中的佛境界，一切淨穢、雜染、好壞、美醜都在華嚴境界，沒有高下差別，沒有善惡獎懲，一切境相都在佛的心海中一體呈現。在華嚴的思想裡，天地萬物與我都是一體的，一個完整的人與天地萬物會有一種同體互融的心境，他能懂得萬物的語言，天地萬物也能相應於他的心靈，因為，他是萬物，萬物也是他，整個天地宇宙的一切萬物都是互為一體，不分彼此。

紅塵俗世，或許較難窺見華嚴境界；但在大自然界，依舊可以看見華嚴境界，花草樹木倘佯在陽光和雨露的滋潤中，依著四季時序，各自綻放出最美的姿態，含苞的羞澀，盛開的豔麗，綠葉的陪襯，青苔的蒼翠，即便是枯木、落葉，亦有它的蕭索之美。我們想要尋找佛境界，且讓我們傾聽大自然的法音宣流！

山的語言

《華嚴經．入法界品》善財童子參訪的善知識，都很擅於運用空間的語言來說法，善財童子參訪的第一位善知識，讓善財童子學會了傾聽山的語言。

文殊菩薩開啟善財童子求道之心而展開的朝聖之旅，第一參是要善財童子參訪在妙高峰上的德雲比丘。當善財童子得知他參學修道的老師在妙高峰上，便急切地往主峰山頂上攀登；然而，登上主峰，卻是怎麼樣也尋不到德雲比丘，心愈急切，愈是沒有線索，此刻的善財，一心只想找到能啟悟他的德雲比丘，卻未能靜心體會，為什麼德雲比丘要在妙高峰上尋求？

過了七天，善財童子不再膠著於主峰山頂才有善知識的渴求之時，他的心放下了，山之頂的一無所得，使他體會到以無所住的心態，下到別峰隨心遊履。

攀登第一高峰

我們往往會認為，最珍貴的寶藏必然是在第一高峰，即使已然登上第二、第三高的山峰，也不以為意地嗤之以鼻，總以為自己的欲求只有在第一高峰才能得到滿足，但是當心目中的第一高峰果真被征服之時，欲求依舊不滿，於是幻想著下一座第一高峰才能滿足自己的心願，因而又不斷地追尋，又不斷地攀登，但卻始終不能得到滿足。直到有一天突然發現，腳下的風光盡是如此迷人可愛，而自己卻是一而再、再而三地迷於第一高峰，鄙視別峰，這才恍然。

當善財童子不再執著於主峰山頂，他才能知曉這趟尋訪德雲比丘的意義，他的欲求放下了，他的心打開了，他開始懂得欣賞每一座山，主峰有它的高偉，別峰何嘗沒有它的美麗？他看見了山的壯麗、山的靜穆、山的莊嚴、山的神奇，當他領略到，每一座山都是自成天地的小宇宙，他發現了山的生命，山的語言。當他懂得欣賞山、傾聽山要傳達的宇宙意義，這時，山即以自身全然的美好，啟悟善財童子，使善財童子回歸自然、純淨、充滿生機的性情。

就在這時，德雲比丘出現了！

修道之路即是上升之路

在東方文化中，山可以遠離塵囂，是修道人適合居住的場所，白雲繚繞、拔地通天、幽深僻靜、超塵脫俗。山，具有淨化人心的作用，走入山林，能令人放下塵世的煩惱，洗滌身心的雜染，忘卻人為所形成的矛盾和紛擾。善財童子的求道之路，一開始就要登上高高的山頂，並尋找象徵清淨的比丘為參訪對象，這意味著，修道之路即是上升之路，並且修道是以淨化心靈為要，不帶有目的性，不將世俗功利的心態帶進修道之路，是生命的上揚、靈性的提昇，還歸最自然、清淨的本心。

當善財童子開始融入當下他所處的空間情境，山所具有的清淨特性，便喚醒了善財童子心靈本具的清淨特性；當他開始體悟到，修道路上的一草一木、一切情境，都是啟悟他的「善知識」，不只特定對象才是「善知識」之時，他就正式踏進了修道的行列，能與真理之道相感相應，於是，象徵真理的第一位善知識──德雲比丘，也就相應地出現在他的面前。

德雲比丘教導善財童子念「佛」法門，讓善財童子明瞭，他所追求的「佛」道，就是一場追求自己心性清淨的道路，一切的境界和法門，都是要還歸本心去涵泳、去體味，當心地清淨，一切境界皆可成為開悟自性的佛境界；若不與清淨心相應，一切境界都是勾動貪、瞋、癡的魔境界。善財童子以此心地工夫為參學原則，從而展開了五十三參的朝聖之旅。

超越死亡的恐懼

第九參勝熱婆羅門

爾時，善財童子即登刀山，自投火聚；未至中間，即得菩薩善住三昧；纔觸火焰，又得菩薩寂靜樂神通三昧。善財白言：「甚奇！聖者！如是刀山及大火聚，我身觸時安隱快樂。」

五十三參當中，最具戲劇性的一參，當屬第九參——善財童子參訪勝熱婆羅門。當善財童子看到勝熱婆羅門時，他正在攀登銳利無比的刀山，登上山頂，繼而縱身躍入熊熊的火海之中。勝熱婆羅門見到善財童子向他參學，亦指示他修持此一法門。

無益苦行一向被佛教認為是外道的修法，非佛教的行門，也因此，善財童子不免起疑：這個人會是教導他行菩薩道的善知識嗎？還是是魔道幻化出來要奪他性命的惡人？

清淨離塵的高山和銳利如劍的刀山，雖然都是山，卻是兩種截然不同的意象，一者讓人喜愛親近，一者讓人畏懼遠離；但這只是它們的表面意象，如果傾聽這表相下的深層意蘊，我們就會發現，清淨離塵的山要喚醒我們的清淨心，而尖銳刺人的山，也是通向我們的清淨心，只是它以銳利的方式來喚醒我們正視、傾聽潛藏在內心深處的恐懼感，因為只有真正面對、理解、接納自我內在的全部面向，包括我們害怕面對的恐懼感，清淨的心性才能毫無阻擋的裸現。

置之死地而無所憂懼

所有的恐懼當中，最深層的恐懼就是面臨死亡，因為我們以為死亡將使我們一無所有。無始以來，我們一直害怕自己一無所有，於是頑強地執著自我存在而不願消逝。當我們知道，自己即將邁向死亡，大部分的人在此時此刻，內心充滿的盡是恐懼；但是平時我們不會察覺和體認自己對死亡的恐懼，因為死亡的恐懼總是在我執的保護下隱藏得很好，只有當真正親臨死亡的逼迫，這深層的恐懼才會突破隱藏而讓我們看見。

許多課題都可以透過思考而獲得領悟，但是死亡，這內心深層的恐懼，必須親自面臨，真正去感受、去體會，並進行存在性的體驗，才有機會參悟此一課題的箇中三昧。勝熱婆羅門深知此一課題傳教的高難度，言語思辨是不能傳授此一法門的真意，於是他以實際的修練和身教，代替理性的思辨和言教。

善財童子因為善知識以死亡為修行和教授法門的強烈震撼，深深觸及潛藏在內心底層不曾面對的死亡恐懼，當他覺照、接受這可能導致一無所有的恐懼，並放下一切的恐懼，被恐懼掩蓋的勇氣頓然湧現，在無所憂懼之下親赴銳利如劍的刀山，進而投身熾熱的火焰，當他縱身躍入，未至火焰，處於虛空之中，在無所住著、毫無依憑、一無所有的狀態下，出纏的般若智慧躍然而出，證得「菩薩善住三昧」；才觸火燄，大火的熾熱難耐，他不僅不畏懼，而且深入其中，親自歷練，於是親證清淨而大用無涯的「菩薩寂靜樂神通三昧」。

虛無徹見終極光明

面對死亡逼臨的存在性恐懼，《華嚴經》採取的態度，不是逃到天國尋求宗教性的庇護，更不是一般人的憂懼恐慌，而是積極面對、深入並經歷失去一切的恐懼感受，第九參勝熱婆羅門在跳入刀山火海之中，脫落了主體的一切，使主體在一無所有的狀態下，非關本性的一切都化為虛無，本性具足的智慧光明躍然而出，主體終而回歸真實的本來面目。

這種修行方法猶如火中化紅蓮，象徵生命經由試煉，結晶出精純莊嚴的品質，在淬鍊中展示生命積極而熱烈追求終極光明的力量，獲得精神與肉體的新生。

黑暗也是一種力量

第二十參遍行外道

善男子！此都薩羅城中，一切方所一切族類，若男若女諸人眾中，我皆以方便示同其形，隨其所應而為說法。諸眾生等，悉不能知我是何人、從何而至，唯令聞者如實修行。

善財童子第二十參參訪遍行外道，這一參的善知識是讓善財童子傾聽山的另一種語言——山的黑暗面相。

善財童子於日落時分進入遍行外道所住之城，但在城中遍尋不到善知識，此時太陽西沉，天色一片漆黑，直到中夜，善財童子看到山頂上靈氣盎然、光明閃耀、威光赫奕，他當下了知，善知識在高高的山頂上；然而要見到明亮如日的善知識，必須先通過甚深幽暗的山林。

暗夜登山的險峻，正是遍行外道欲以山的「負面」意象，對善財童子進行身心靈的教化與考驗。一般我們會選擇晴空萬里的天氣去親近山林，路程中的順暢和美好的山色，都會增加登山的樂趣和身心的喜悅；而暗夜登山，不僅有客觀環境的困難度，諸如：無法看清路上險阻的困難、黑暗的肅森、身體的疲憊、野獸的攻擊……，更因為內心對黑暗的恐懼，憑空增添了山的險峻，使山林更加籠罩在陰森幽暗的恐怖氣氛之中。

孰是光明？孰是黑暗？

無論是白日的青山，或是黑夜的深山，都是山林本來就具有的面相，只是隨著時空的變化而幻化出不同的樣貌，但是我們有意識的分別和簡擇自己想要和不想要的面相，於是就有了賞心悅目和困難險峻的差別，甚至對自己不喜歡的面相還添加莫須有的內容，以至於事物本來的真實樣貌也就隱晦不明了。

此參善知識就是要善財童子領悟，暗夜登山的恐怖，並不在於山的本身，而是在於登山者自己的內心世界，若不還原山本身的真實面貌，暗夜登山就成了漫漫長夜的磨難；如果能夠還原客觀世界的中立性，透析根源問題是肇因於自己，暗夜登山也可以是另一種對山林的體驗，甚或是種享受。

人們總是習慣將問題歸咎於外在因素，然而人生中的困境，外在因素並不是真正的問題，真正的難題是根源於自己。人對於自己不願意接受、認為自我不理想、不好的部分，往往會排拒並否定它們的存在，然而它們並不是因此就不復存在，反而常在漠視之下，被壓抑在內心深處，這些被自己否定的部分，也就成了自我不願意面對的黑暗面。我們以為只要把黑暗面隱藏的很好，努力地邁向光明面，遲早有一天就能攻頂；但事實上並非如此，就華嚴的思想來看，光明必然包容了黑暗，光明與黑暗是「主伴圓明」的關係，有此就有彼，彼此是相互共生而互融的，如果我們以否定的方式來處理黑暗面，我們所展現的光明也就只能是部分的明亮，唯有當我們真正面對了自己的黑暗面，光明的面相才是全面而圓融。

打開內在心靈的一切面相

威光赫奕的遍行外道，之所以不出現在超塵脫俗的妙高山頂，而是在幽漆黑暗的深山之頂現身，就是要讓善財童子了悟，欲契入廣大遍照的燦爛光明，必須先深入一切黑暗的面相，唯有面對、接納、感受並轉化它們，才能得到真正遍滿的大光明。就像是我們認為骯髒污穢的垃圾，如果一再排拒它、只想消滅它的存在，如此一來，垃圾永遠是令人嫌惡，而且始終是在累積與滅除的戰爭中對抗；但是如果我們懂得將垃圾分類，依不同的類別進行資源回收，垃圾不僅不會造成環境污染，反而可以轉變成回饋地球的再生資源。所以，如果我們能看清、掌握、分析一切黑暗的面相，了悟、深掘隱藏在黑暗面相下的甚深密義，黑暗面相就能轉化變成綻放光明的最大力量。

善財童子一旦戰勝這些內外的障礙，登上山頂，就是一番脫胎換骨，「重障山」也就轉化為自性的功德大山。黑暗不再是可怕的，而是帶著召喚的姿態。黑夜深山成就了智慧的資糧，充實了生命的智慧。

遍行外道所證得的法門，不只是正面的佛教法門，也包括負面的外道法門，是融合正、負面的法門，遍行外道已經歷並轉化一切正、負面的行為，因而能現外道身和佛教身以度化眾生。此參善知識讓善財童子在黑夜登山，正是遍行外道以山本身所具有的正面意象，融合黑夜深山所呈現的「負面」意象，將山之場的正負意象一齊打開，並打開善財童子內在心靈的一切面相。

幽居在空谷

第二十七參觀自在菩薩

海上有山多聖賢，眾寶所成極清淨，華果樹林皆遍滿，泉流池沼悉具足。勇猛丈夫觀自在，為利眾生住此山；汝應往問諸功德，彼當示汝大方便。

最懂得傾聽天地間的一切音聲，當屬大悲觀自在菩薩。

善財童子第二十七參來到巖谷林泉，參訪悲心深厚卻又自在逍遙的大悲觀自在菩薩。在《華嚴經》的描述中，大悲觀自在菩薩是在補怛落迦山上，以泉流縈映、草木林立的地方為居所。

補怛落迦山中布滿著香氣氤氳的小白華樹；小白華樹的白色小花形象清雅可

愛、香味怡人；花木扶疏，草地柔軟，山清氣爽，泉流漫漫，水面映現著大自然的天光雲影，只要進入巖谷林泉，清新自在的恬適意境，讓人極易頓忘人我、心神開朗。

然而要進入這世外桃源，見到與林泉相伴的大悲觀自在菩薩，必須先穿越在西邊象徵肅殺的嚴峻山谷。巖谷是由峻山、河流所圍繞，在險峻高山的低陷處，是難以進入的險道，必須跋山涉水，通過重重險阻才能到達大悲觀自在菩薩的桃花源。

通往慈悲的嚴峻考驗

《華嚴經》中的大悲觀自在菩薩，古德認為此空間形象是慈悲利眾的意義，也就是說，大悲觀自在菩薩藉此空間形象，讓善財童子體悟，要獲得內心的自在逍遙，必須先穿越高山險阻的嚴峻考驗。嚴峻的考驗，不只是自我生命歷程中的考驗，更包括悲憫他人時的嚴峻考驗。唯有自在逍遙的清淨心，才能承擔真正慈愛的大悲心。就像《心經》裡的觀自在菩薩，之所以能「度一切苦厄」，就是因為具有「照見五蘊皆空」的般若空慧。

常言道「可憐之人必有可惡之處」，一般人對於可憐的情境，都能在情感上掬一把同情之淚，慷慨解囊，鼎力相助；但是當可憐之人始終不受教，甚至以可惡的面相出現，忘恩負義，恩將仇報，反咬恩人，一般發心的菩薩，此時此刻，對於剛強難化的眾生多半灰心喪志，甚或傷痕累累，原本滿腔熱血的度眾心志，都在與眾生交手的過程中退失菩提心。更糟的是，隨眾生心流轉，惡言相向，斥責對方，在是非對錯的分別對立中，本來眾生同體的大慈悲心就被割裂了，憤怒之心代替了慈悲之心，於是發心成了情感作用下偶然閃現的同情心，終在情緒起伏的擺盪中陷溺流轉。

大悲觀自在菩薩的慈悲之心是恆常不斷的，不會隨眾生的可憐或可惡而陷溺流轉於情緒的起伏之中，無論可憐抑或可惡之人，對他而言，都只有「真可憐憫」，千奇百怪的眾生，只讓他更悲憫眾生，因為大悲觀自在菩薩的慈憫，不是因於眾生外顯的可憐無助而悲憫，而是因於他聽到眾生內在痛苦的聲音，大悲觀自在菩薩是穿透眾生可憐或可惡的表象，以廣大寬厚的慈愛，包容眾生隱藏在內心的巨大黑暗面相。

大悲觀自在菩薩之所以能聽盡一切音聲而悲心深厚，是因為他的心境凝定，具有清淨自在的般若空慧，故能聽見眾生未表達，或是眾生自己也未曾察覺的內在聲音。以安定的心救護眾生，恆常悲憫而不會彈性疲乏；以般若空慧觀照一切眾生，了知一切對境都是因緣和合的幻化，沒有能所對立的分別。

同體大悲的觀音菩薩

因而大悲觀自在菩薩在度眾的過程中，眾生不再是眾生，是內在於我而與我同體的幻化對境，所以不忍同體與我的眾生受苦，又深知一切皆是幻化，故而不會陷溺在情感的起伏擺盪之中，隨順眾生根機和境遇，神形自在地攝利眾生，感同身受而又超然自在：

> 能於一切眾生中，平等大悲同一味，一智同緣普救護，種種苦難皆消滅。
>
> ——《華嚴經・入法界品》

《法華經．普門品》當中，觀世音菩薩是聞聲救苦的形象，眾生有難，只要至誠懇切持誦觀世音菩薩聖號，觀世音菩薩必然尋聲而至。《心經》裡的觀自在菩薩，重在彰顯觀自在菩薩「照見五蘊皆空」的般若空慧。而《華嚴經》則將這兩種特質結合起來，直接名為「大悲」——「觀自在」，將觀音菩薩的大悲、平等、自在、普現等特質一起展現：

菩薩最勝神通力，反覆大地不為難，又能乾竭於大海，令大山王咸震動。聖者菩薩大名聞，號曰大悲觀自在。

——《華嚴經．普賢行願品》

大悲觀自在菩薩因其同體大悲，故就眾生而居象徵危難之處的巖谷；以其清涼自在，展現出巖谷林泉的清淨恬適。大悲觀自在菩薩遍隨眾生機遇，「應以何身得度者，即現何身而為說法」，觀眾生音聲使之解脫，即是觀世音；若就三業攝化而言，即是觀自在。

清涼觀自在化作大悲觀世音，是從寂滅的自了漢，轉變為菩薩的大悲情，

「大悲」——「觀自在」的雙重意涵，在善財童子五十三參當中，以位居參訪的正中間第二十七參而表現出來，象徵了上下迴向的樞紐：上求佛道與下化眾生，凸顯了「觀自在——觀音」的轉折特質。「觀自在——觀音」是空有、性相、體用、真俗不二的悲智圓融，深刻地體現華嚴的圓融精髓。

蒼茫雲海間

第二參海雲比丘

我思惟時，復作是念：「世間之中，頗有廣博過此海不？頗有無量過此海不？頗有甚深過此海不？」頗有殊特過此海不？善男子！我作是念時，此海之下，有大蓮華忽然出現……。

《莊子．秋水》篇中有一則很有意思的寓言：

秋分時節，洪水漲滿，許多川流匯聚到黃河之中，河面的廣大，使人分不清對岸是牛、還是馬？河神見到這浩瀚的場面，自以為天下的壯美皆在這裡，欣欣然而自鳴得意了起來；當她流向大海，發現汪洋一片的大海居然見不著盡頭，這時河神才發覺，原來自己是如此的渺小與不足，並領悟到，如大海般的大道，是如此的無以窮盡。

大海，常象徵大道，因為它的靜相和動相，就像是大道的體和用。澄靜無波的大海，能映照日月星辰一切境相，猶如大道普攝一切萬法；波濤洶湧的大海，能載舟亦能覆舟，就像是依道體而生起的作用，可以幻化各種現象。善財童子五十三參當中，有兩位善知識分別示現穿透了大海的靜相和動相，體證了大道的體性，更進而依體發起了大道的妙用，是為第二參的海雲比丘，和第二十二參的婆施羅船師。

海湛空澄雪月光

善財童子第二參，參訪住在大海邊的海雲比丘。一般人面對大海，或是當作自然現象，或是以美感的態度欣賞，如果久住一地，往往對該地習以為常，而以慣性面對周遭的一切景物，沒有新意，沒有感動，甚至厭膩。然而對於修行人而言，面對一成不變的環境，不僅無厭膩疲憊，反而可能將它當作是反覆觀修的最佳對境。

大海日日的潮來潮往，對海雲比丘而言，不是重複性的自然現象，而是蘊含無限密意的最佳修行道場。海雲比丘深觀大海，思惟大海的種種特性：廣大無量、甚深難測、為各類眾生的住所……，如是日日不退，安止於大海的一切境界，深觀於大海的種種特性，反覆思惟安住，長達十二年之久。一日，海中忽然湧出大蓮華，蓮華上有佛結跏趺坐，為海雲比丘摩頂說經，海雲心華開敷，證普眼法門。

由觀海而悟道的事蹟，除了經典的故事之外，歷代亦有高僧大德親自見證。明代憨山大師在各地參學，時有小悟，三十幾歲後到東海邊的那羅延窟禪坐，四十一歲那年，經過深入的參究和禪修，一夕於海湛空澄雪月交光之際，忽見身心世界當下平沉如空華影落，大悟而說偈言：

海湛空澄雪月光，此中凡聖絕行藏，金剛眼突空華落，大地都歸寂滅場。

修行人以大海為觀修的對境，也喜以大海形容悟境，大海的湛然澄清正如同開悟般廣大湛寂的境界，憨山大師因此自稱為海印沙門。《華嚴經》形容毘盧遮那佛所證得的究竟境界，即名之為「海印三昧」，意指證悟的境界就像是平靜的大海印照萬有的一切境相。

觀海悟心海

海水與修行、證悟，有著什麼樣的關聯性，為什麼修行人喜用海水為觀修的對境與證悟的形容詞？

心理學家榮格以其臨床經驗認為，水，若就物質層面而言，是生命的源泉；若就象徵層面來說，意味著無意識的內在生命，一種本質的祕密。水之於人，似乎有著不可言喻的祕密。如果我們曾經潛過水，我們必然有種經驗，當潛水完開始往上浮升時，有幾件事會發生，壓力降低、輕鬆自然發生、光線變得明亮、連自己的呼吸聲音都使頭腦變得安靜。

其實，整個海洋，包括它的水流、祕密和深度，都與心識類似。善觀海水者，也就能藉由觀海而觀照出我們的整個心識。

瑜伽行者認為，人體有七個脈輪，其中最底層的脈輪稱之為「海底輪」，海底輪是最基礎的輪脈，是人體整個能量系統的根，所有的能量都是經由海底輪出發，它是決定我們身體是否燃起生命之火的重要元素。在瑜伽學派的理論當中，把它描述為拙火（kundalini）沉睡之處，一旦拙火甦醒，便會沿著中脈上升到達頂輪。

海底輪是掌管人心深層、隱私的部分，就像是深藏於大海之底，始終照不到陽光，因而名為海底輪。因為是深藏於大海之底，所以要進入這個部分，並不容易，就像是觀看水面上的風光，是每個人都做得到的；但若想優游於大海之中，甚至潛入深沉的海底，那是必須受過專業的訓練，巨大的水壓常會讓潛水者非常難受，必須假以時日的練習方能完成任務。

我們的意識亦是如此，顯意識像似水流，不曾暫歇；而潛意識則像是隱藏在深沉的海底，神祕、幽暗、沉靜，卻擁有巨大的力量，埋藏了今生和累劫以來所有的記憶，要翻出深埋的記憶，進入這幽暗、神祕的部分，就像是潛入大海之底，必須先穿透重重的水流、克服水壓，一尺一尺地慢慢下沉。

而我們的意識透過禪修的訓練，日復一日地練習靜心，穿透了流動不止的意識，一分一分地慢慢安靜下來，克服了排山倒海的情緒和問題，直至潛入這深層隱私的部分。當我們透過禪修，淨化並開啟了海底輪的脈輪之後，能量就會開始上升。

密宗瑜伽把每一個脈輪稱為蓮華（padma，英譯 lotus），根據印度的傳統說法，每一個能量中心都有一個符號做為象徵，並由蓮華瓣所圍繞，蓮華瓣代表一個人自我的漸次覺醒，最後到達頂端的第七脈輪，是一朵全開的蓮華，第七脈輪因而也稱為「千葉蓮華」，頂輪開了，靈修上也稱為開悟的境界。

海雲比丘由觀外在的大海，領悟到內在的心海，在安止和深觀大海的一切境相當中，開啟並清淨了自己隱藏在猶如深海之底的脈輪。海雲比丘十二年來日復一日、年復一年地安止和觀修湛藍深廣的大海，並也漸次深廣、淨化了自己內在心海的層次，而大海這時也從海底伸出蓮莖，於海面上湧出千葉寶蓮，蓮上有佛，為海雲比丘摩頂授記，意味著他的修行已被佛所印可。整株蓮華從海底透過蓮莖升起，正如同靈修上的七個脈輪，依人體的中脈一一升起，證悟之時第七脈輪的「千葉蓮華」，便頓然綻放盛開。

破生死海湧心蓮

科學家研究發現，水是形成世界的主因。而水在人體中，占有高達百分之七十以上的比例。佛教認為，世界和人身是由地、水、火、風四大所組成，其中屬於濕性的部分，就是「水大」的現象；在三毒煩惱中，水大是貪欲的顯現，貪欲也是眾生無明和流轉生死輪迴的根源。貪欲之水，是形成人身和世界的根源，也就是人和宇宙成住壞空、流轉生死的根源，眾生經歷無量劫的生死輪迴，猶如在貪欲大海載浮載沉，不能登岸，這便是「生死大海」。擅於觀照水的祕密的人，如海雲比丘、憨山大師等，能因觀海、聽潮聲而悟道、還滅生死大海；不能透析水的奧祕的凡夫，則在生死大海中輪轉不休。

海雲比丘以大海為修行的觀修對境，他由自然界的海水體悟到，當清淨的心體為熾盛的貪愛所擾動之時，正如那大海為狂風所拂亂，湛藍澄淨的海水不復可見；然而清淨的心性，終究不曾因貪愛的起伏而有所改變，就像是波瀾狀闊的海濤，也不曾改變海水回歸本靜時的清明。

海雲比丘深觀大海十二年，這十二年使他勘破流轉生死的十二因緣之理，當了悟流轉生死的貪欲大海，其實就是還滅生死的智慧大海，海中湧現蓮華，印證海雲比丘體證的心境。

海客談瀛洲

第二十二參婆施羅船師

我當親近彼善知識。善知識者，是成就修行諸菩薩道因，是成就修行波羅蜜道因，是成就修行攝眾生道因，是成就修行普入法界無障礙道因……。

當我們的心，靜如澄靜無波的大海，我們的心海即是無垠的智慧大海。平靜無波的智慧大海，也可以是波濤洶湧般的大用無方，當我們穿透大海能動能靜、動靜一如的關係，我們的智慧大海就如海水般神妙自在、變化萬千。第二十二參的婆施羅船師，就是將他的智慧心海發揮到極致。

心海與大海溝通

善財童子第二十二參參訪的婆施羅船師，他是擅長航海的善知識。善財童子參訪婆施羅船師時，有百千商人及無量大眾圍繞著他，婆施羅船師告訴大眾海上行船的方法、船的堅脆好壞、水的大小深淺、風的順逆強弱，海中的寶藏和所在，以及如何迴避海上險難等等，並帶領大眾出航、尋獲珍寶，平安返回家園。婆施羅船師深知大海的語言，海的溫柔呢喃、海的狂野怒號，他都能順利通過，因為他用自己的智慧心海與大海溝通。

唐朝時期，東密的開山祖師——空海大師，從小就是一位聰明絕頂的孩子，仕途之路是被看好而可預期的，然而他為了尋求自己存在的意義，毅然放下大好的前程，走上艱苦的求道之旅；又為了尋求密法，冒著海難的生命危險，至中國取經。

當時日本派了四艘遣唐船至中國學習各種文化，遣唐船出海第五天，就遇到狂風暴雨，遣唐船在暴風雨中搖搖欲裂，大家驚恐不已，對宇宙密意已有體會的空海大師，前往船頭，在風雨中看著蒼天道：

「這是天地在呼吸，這是蒼天心臟的跳動，這是蒼天粗暴的哭泣。大宇宙是活的，風和雨也都是活著，如果想把這些風扯住，就把自己變成風吧！如果想制止這些雨，就把自己變成雨吧！」

空海大師把自己化成風，融為雨，他的心海與大海溝通，與風雨共舞，在他與整個宇宙合而為一之中，風雨逐漸平息。四艘船僅有兩艘船通過大自然的考驗，一是空海大師的船，另一是日本天台密最澄大師的船。大宇宙的奧祕，其實就在自己的心底，能掌控自己的心，也就能掌控宇宙的脈動、大海的浪濤。

生死海中藏妙寶

大海，象徵著生死欲海，輪迴眾生在欲海中幾番生死，這生死大海雖然時有狂風暴雨、漩渦急流，但卻同時藏有許多寶藏，這些寶藏不入生死大海是無法獲得。在生死苦海中，種種的苦難都是為了讓我們感同身受，體會眾生受苦的身心之痛，當切身體悟到輪迴的痛苦，而欲求究竟解脫，並希求一切眾生都能離苦、得到究竟解脫，這份廣大的大乘菩提心興發之時，也就在生死苦海中獲得了無上珍寶——大乘菩提心的妙寶。

象徵「渡」眾的婆施羅船師，已離生死苦海，但發願再入生死苦海中救度大眾，生死大海在他的心海，不是輪迴不斷的生死苦海，而已轉化成為大悲願海。婆施羅船師除了度人，他也教人，他帶領大眾在生死大海中尋獲妙寶，大海的波濤洶湧，正象徵變化萬端的人生問題，在變化萬端的人生問題中乘風破浪，更能磨勵心志、參透甚深智慧，證入一切智海。

令人怖畏的生死大海，在婆施羅船師的大願悲心下轉換為大悲海、一切智海。因為大悲，所以不畏生死苦海；因為深入生死苦海，所以獲得大乘菩提心的妙寶、獲得無上智慧。

西藏有一則描述釋迦牟尼佛當船師的本生故事：

釋迦牟尼佛前生曾是名為森嘎拉的船師，一日帶領五百人的商隊出航尋寶，遇到狂風暴雨，他們的船被吹到羅剎國。羅剎國的魔女知道有南瞻部洲的商船損毀落難，紛紛變為衣飾華麗的美女，到落難船員的身邊，服侍他們，深情款款地勾引他們留下來當丈夫，並給予無量珍寶，請他們不要再去尋寶。禁不住誘惑的船員全都留下，與魔女一起尋歡作樂，並生下眾多兒女。

時間一天又一天、一年又一年地流逝，森嘎拉對魔女阻止他們尋寶產生很大的疑惑。一天晚上，他趁魔女熟睡後四處查看，這時從遠方傳來痛苦哀嚎的聲音，森嘎拉尋聲前往，看到一座高大寬廣的鐵城，鐵城裡關著眾多痛苦淒慘的男人，森嘎拉問他們：「怎麼會被關進鐵城？」

他們答道：「我們是南瞻部洲出海尋寶遇難的商人，漂到羅剎國後，被魔女以美色誘惑，而與她們組成家庭，當另一批新的落難船員來到之後，我們就被她們關在這裡，成為她們的食物。我們想越牆而逃時，鐵牆就會增長二、三倍，你們還在城外的人趕快逃離此地。

每月十五日，在北方大道上方，有一匹會說人語的寶馬，牠會大聲告訴人們：『南瞻部洲的人們，有誰想飛越大海，回到南瞻部洲？』當牠第三次詢問的時候，你們要立即騎在馬背上，並告訴牠自己的意願，這樣，你們就可以逃離此地。這是諸天賜予的辦法，你們要把握！」森嘎拉聽完之後，牢牢記住所有的事情，悄悄返回。

隔天森嘎拉召集了所有船員，在隱密的花園向大家講述昨晚自己的所見所聞，並約定於十五日在北方大道集合。

十五日當天，船員們都來到北方大道，寶馬如期出現，並用人的語言詢問有誰要去彼岸，船員們至誠祈願說：「請送我們回南瞻部洲！」

寶馬說：「你們必須除滅對美女、家眷、財寶等的所有貪戀，切莫回頭觀看，若有人生出貪戀之心，就會從我背上墜落到魔女身邊，並立即被魔女吃掉。」寶馬說完後，就把背對著船員，船員們一湧而上。

魔女發現船員正在逃跑，立刻把自己變得更為美豔，帶著兒女們來到北方大道，深情而悲戚地喊著：「親愛的，請留下來做我們的主人、做我們的保護者吧！這裡有你的兒女、房舍和財寶！」

船員聽到魔女的呼喊後，很多人對自己的妻兒、財產起了貪戀難捨之心，頓時就從馬背上墜落下來，立即被魔女們吃得一乾二淨，最後只剩下森嘎拉一人返回。

故事中的海上羅剎國，象徵充滿誘惑的六道，眾生放不下欲望的誘惑，即使有了救拔的因緣，眾生仍因頑強的執著而一再墜落輪迴大海，無法出離。

領航渡生死大海

生死苦海的一波波浪花，就像是一次又一次的人生問題，打在心坎裡，每一次都不同，每一次都讓人印象深刻。眾生面對每一次的大浪，或是奮力搏鬥，或是淹沒滅頂；而海上船師深知海的語言，在人生大海的航路上，進入任何波濤洶湧的境界，都能安然自在、動靜一如，以心海與大海溝通，使生死大海為修行的道場。

同樣以大海為觀修對境，第二參海雲比丘是深觀大海的體性，藉由觀照客觀世界的大海，進而了悟自己內在的心海；第二十二參婆施羅船師則已深悟海之體性，並由體起用，大用無方，以其不捨眾生的大悲，轉生死大海為大悲願海、一切智海，較第二參更凸顯利他的意象。生死大海在領航者的導航之下，不再是染污的輪迴苦海，反而是開啟無上菩提心的難得寶地。

河與沙的對話

第十二參自在主童子

時，有天、龍、乾闥婆等，於虛空中告善財言：「善男子！今此童子在河渚上。」爾時，善財即詣其所，見此童子，十千童子所共圍遶，聚沙為戲。

善財童子第十二參來到四周環繞著湍流的沙渚上，參訪與善財年紀相仿的自在主童子。當善財見到他時，自在主童子正與一萬名童子，在河渚的沙灘上玩堆沙的遊戲。

河與沙，在水的遊戲中相遇，自在主童子與上萬名童子盡情投入這場遊戲之中，開啟了無盡的智慧，就像巨石在海水的戲弄下，「驚濤裂岸，捲起千堆雪」，激盪出千百朵美麗的浪花。而人生大戲亦是如此，誰能如童子般，以遊戲的心情全神貫注投入人生大戲，美麗多姿的浪花就為誰綻放！

河水的時間意象

海水和河水，同樣是訴說水的語言，不過形式不同，展現的意蘊也不同：大海的廣闊形式猶如空間的敞開；河水的川流不息則如時間的流逝。

河水自然之勢是往下流淌，絕不會往上奔流，就像時間必然不斷流逝，如果我們希望它倒流或停歇，必然會因此而痛苦。人們總是在時間之流中嘆息，懊悔曾經未做好的事，或留戀曾經擁有的美好記憶；而希望總是寄託在不可知的未來。

相對於童子，他們盡情遊戲於當下，時間對他們而言，是沒有意義的，河水的流逝只是一種自然現象，任隨逝水東流，他們只認真地投入每一場的遊戲，即使一身泥濘也開懷不已。

河水要訴說的，其實是「沒有時間」的概念。一條河在同一時間是遍在每一個地方，同時在源頭、在河口、在瀑布、在渡口、在山岳、在海洋……無所不在，而且，現在的一切，既不是過去的影子，也不是未來的陰影，只有當下的存在。

人們之所以煩惱，就是因為身處在時間之流中；所有一切自我的折磨，都是在時間之中。如果我們像童子一樣忘懷時間，以遊戲的心情，全心投入當下的每一次經歷，每一次的經歷都能讓我們享受遊戲三昧之樂。

川流不息的河水，對於想要到對岸的人而言，它是條障礙，只想找條船筏趕快渡河。此時何不如就地玩味！誠如王維詩言：「行到水窮處，坐看雲起時。」與其急切地尋找船筏，不如好好地品嘗當下，自在快樂地遊山玩水，傾聽河水訴說的真理。

遊戲與戒律

自在主童子以遊戲為修行、度眾的法門，而密行卻是持守戒律波羅蜜。

善財童子參訪持守戒律波羅蜜的自在主童子，他不是剛正不阿的道貌岸然，而是與一萬名童子在沙洲上盡情的遊戲。遊戲，是一種象徵，象徵自在灑脫，象徵無執卻認真投入，當全心投入，也就進入遊戲三昧的禪悟喜悅。

自在主童子遊戲的地點，是在四周充滿湍急洪流的沙洲上，如果胡亂嬉戲，越界戲水，則會被四周洪流捲走。持戒的自在主童子在四面楚歌的沙洲上，卻能盡興遊戲，意味著持守戒律，而又能放鬆自在地全心投入遊戲之中，才能真正體悟禪悅。

人生亦是如此，人生的遊戲要玩得漂亮、玩得精彩，須以戒為本，每一次的經歷都是一場引人入勝的大戲，只看參與其中的人能否遵守遊戲規則地盡情遊玩，如此即能享受遊戲中最大的快樂。想在紅塵世間自在遊戲，必須以戒為本，否則不僅不能全身而退，反而被人間遊戲，輾轉輪迴生死河海。

堆沙的創意空間

相對於河所表現的時間意象，沙的可塑性則表現了空間意象。沙的質地細緻而沒有形式，可以千變萬化出各種造型而不拘一格，沙的生動變化奪人心魄，但是沙的變化不在於沙本身，而是發生在堆沙者的內心及其對沙的形塑感覺中，每一堆沙聚，都是一個世界，都是堆沙者內心世界的空間。

自在主童子在沙洲上與上萬名童子玩著堆沙的遊戲，在堆沙的遊戲中，他們領悟到萬有是可以隨著自己的心識而創造變化。只要我們的心識不固著於某種特定的形式，萬有所擁有的變化空間是非常的寬廣。心的空間有多寬廣，萬有的變幻就有多神奇。

變化無礙的沙，是最能透入虛空的媒介。無形無相的虛空，只有透過形象才能被認識，而沙能在瞬間形塑各種形象，這些形象也能在瞬間就被摧毀。轉瞬間的成、住、壞、空，童子以遊戲的心情玩味其中，沒有不捨或感傷，只有更大的喜悅與驚喜，因為遊戲的心情，使他們不執於所投入的任何一個當下，在「形塑」的成、住與「摧毀」的壞、空之間自由來回，產生成住即壞空、壞空即成住的無限神奇現象，他們創造了自己的「有」，卻也從中玩味出「空」，在堆沙的遊戲中，童子發現了「空」、「有」的巧妙連結。

水與戒的結合

善財童子五十三參當中，參悟水的語言的善知識，都是修行十波羅蜜中的第二「戒」波羅蜜，包括第二參、第十二參、第二十二參，水與戒的結合，象徵修行人在面對各種如流水般變動不停的境界時，須有戒為法則，才能有所把持；也意味著活脫的思緒要以「戒」為準則，守戒則要如流水般靈活。

自在主童子在水與戒的結合中，加入了遊戲的潤澤，使水的語言因而充滿了禪悟與靈慧。

遙見仙人林木中

第八參毘目瞿沙仙人

時，毘目仙人即申右手，摩善財頂，執善財手。即時，善財自見其身往十方十佛剎微塵數世界中，到十佛剎微塵數諸佛所，見彼佛剎及其眾會、諸佛相好、種種莊嚴……。

大覺者佛陀在菩提樹下成道、在娑羅雙樹間涅槃；樹，成了證悟的一種契機。古時候印度的僧眾，通常會選擇在都城郊外的幽靜林地營建精舍，因而修道者安止居住的地方，又稱為「蘭若」、「叢林」；而禪宗寺院多設在深山僻靜處，因而也稱為「叢林」。

樹，有著什麼特質，讓修道人以它為修行的助伴？這個世界，也是因為中央有株贍部樹而名為「南贍部洲」，樹對於我們而言，似乎隱含了不可思議的奧義。

仙人與仙林

在善財童子五十三參當中，參訪以樹為修道伴侶的聖者有三位，其中第八參，是參訪一位在樹林中清淨修道的仙人，這位仙人因為善於安慰眾生，令眾生不憂不懼，所以名為毘目瞿沙。

毘目瞿沙仙人所依止的樹林非常的莊嚴清淨：花木扶疏，果樹成熟，沉水香氣盈滿林間，蓮華池水清幽寧靜。在這幽靜的樹林中，毘目瞿沙仙人在栴檀樹下敷草而坐，有萬名跟隨者或穿鹿皮、或著樹皮、或編草為衣服，圍繞著仙人，參學修道。

在林中修道，是讓修道人從外到內的回歸自然，藉由樹林清幽的空間環境淨心；乃至不著金縷絲綢、珍珠寶物，只取自然之物蔽體，讓自己的身體空間也回歸自然；最終是看向內心最真實的自然，回歸本然的我，而最真實自然的我，是與萬物無有分別、融合為一體。

南傳著名的比丘阿姜查，曾經有人問他：「你是位阿羅漢了吧！」他回答道：「我像森林裡的一株樹，充滿了葉子、花和果實。鳥兒來覓食、築巢，動物在樹蔭下棲息，然而樹並不知道自己是樹，只是順著自己的天性，它只是它。」

毘目瞿沙仙人和他的徒眾，他們不求什麼，只是讓自己像是森林裡的一株樹，回歸本然最原始的存在，順著心性本然正念生活的人，會像美麗的樹木一樣，散發平靜、清新的氣息，讓萬物都想親近，讓親近他的人變得安詳、快樂。這是萬物和諧、大地共融的本然最初存在狀態。

如果你是喜歡樹林的人，你必然知道，樹林是我們體外的肺臟，大自然是我們的母親，當我們的生活與大地之母斷絕，我們將會生病。我們和宇宙萬物之間有著成千上萬條莖幹的連結，這些莖幹維持我們的生命，讓我們能夠存在。如果我們只囚禁在個人的小我之中，只考慮小我的舒適，卻破壞了大我，我們也不可能健康的存在。我們應該回歸真正完整的我，回歸與天地萬物如莖幹般相連的緊密關係。

眾生如樹根

善觀樹的覺悟者曾說，我們常關注和欣羨樹上盛開的美麗花朵和累累果實，但卻忽略了隱藏於大地之下真正攸關樹木成長與否的樹根；若沒有紮實的樹根，一切花朵果實都不可能綻放和結實成果。眾生就像一株樹的樹根，諸佛菩薩以大悲水不斷地澆灌菩提樹根，因而成就了花朵果實的殊勝境界。因此，若想成就諸佛菩薩華果的殊勝境界，發起救護一切眾生究竟離苦得樂、成就佛果的無上菩提心，是修行的重要關鍵。

善財童子參訪五十三位善知識的時候，每次一見到善知識必然五體投地頂禮善知識，然後自說：「聖者，我已先發阿耨多羅三藐三菩提心，而未知菩薩云何學菩薩行？云何修菩薩道？我聞聖者善能誘誨，願為我說。」善財童子每一參都先自述自己已發心，就是說明修學佛法是以發心為前導，若無發起大悲菩提心，一切所學猶如無根之樹，終將凋零枯萎，所以四弘誓願的願首也是「眾生無邊誓願度」。

毘目瞿沙仙人見到已發菩提心的善財童子，即回身向上萬名徒眾說：「這位童子已發阿耨多羅三藐三菩提心，他想滅除世間的一切煩惱毒熱，他想讓一切眾生無有畏懼，他想學盡一切佛法來曉悟眾生，他想以智慧的明月普照世間，他想增長眾生一切善根……。」

以樹為修行對境的仙人徒眾們，深悟大悲菩提水是讓菩提樹成長茁壯之理，因而對發起菩提心的善財童子散華供養，並叩頭頂禮讚歎道：「這位童子必當救護一切眾生，必當滅除地獄之苦，必當關閉所有困難之門，必當永遠破除無明黑暗，必定出現如日光般清淨的智慧……。」

毘目瞿沙仙人也藉此教化徒眾說：「若能生起阿耨多羅三藐三菩提心的菩薩，將來必定成就一切智道。這位童子，將來必定清淨一切佛功德地，證得佛果。」

修行道上，做人處世是否合乎佛道，不在於是從事世間法或是出世間法，重要的是有沒有發菩提心，《華嚴經．普賢行願品》即言：「一切眾生而為樹根，諸佛菩薩而為華果，以大悲水饒益眾生，則能成就諸佛菩薩智慧華果。何以故？若諸菩薩以大悲水饒益眾生，則能成就阿耨多羅三藐三菩提。」

諸佛菩薩究竟證成佛果，最初就是因為悲憫眾生而生起大悲心，因為大悲心而生起求覺悟的菩提心，因為生起菩提心而證得佛果。所以，以大悲心隨順眾生，就是成就供養我們自己的菩提樹。

執手詣十方

毘目瞿沙仙人讚歎善財童子的發心而摩其頂，並執其手，令善財童子自見其身往詣十方十佛剎微塵數世界，聽聞諸佛的開示，每一尊佛的開示，善財童子皆能通達受持；經不可說微塵數劫，善財童子證得各種三昧光明。這時，毘目瞿沙仙人放開善財童子的手，善財童子自見己身還是在原來的地方，不曾來去。

毘目瞿沙仙人問善財童子：「你記得剛才所經歷的境界嗎？」

善財童子回道：「我記得，都是聖者善知識您的加持力。」

毘目瞿沙仙人答道：「這就是我證得的境界和修持的法門。」

善財童子在毘目瞿沙仙人的加持力下，經歷諸佛世界的神聖境界，而他是位善學的學生，毘目瞿沙仙人只能加持善財童子到各佛國淨土，而善財童子到各佛國淨土則能吸收每一尊佛教授的每一字句。

善財童子學完之後，毘目瞿沙仙人放開善財的手，善財童子發現，他不曾離開過原處，這在空間上是「不移本處而遍十方」；時間上是「一念為無量劫，無量劫為一念」。

毘目瞿沙仙人的加持力，帶領善財體證空間上的近遠無礙、和時間上的長短自在的境界。

當如來在菩提樹下成道，《華嚴經》描述此時的佛境界，是一念之間悉包法界，所有眾生居處屋宅皆現其影像，沒有時空上的距離，不用離開菩提樹，佛陀就能在身上任運影現他方佛國淨土的萬物變化，因為他超越了時空，和天地萬物已經渾融為一體。

當了悟自身的菩提樹是融遍法界，無限時空都會像莖幹般和我們連結在一起。

誰在林間漫步行

第十一參善見比丘

善男子！我經行時，一念中，一切十方皆悉現前，智慧清淨故；一念中，一切世界皆悉現前，經過不可說不可說世界故……。

善財童子第十一參至各大城市、川原山谷，一切地方尋找善見比丘，直到一片茂密的樹林中，見到善見比丘在林中經行。

林中動禪心不動

人需要靜心，或藉由靜坐，或在自然環境中沉澱心靈。善財童子參訪的第八位善知識——毘目瞿沙仙人，是在林中靜坐，靜中取靜，參悟天地間的真理。此參善知識善見比丘，則是在林中經行，動中取靜，是禪修的另一番工夫。

善見比丘經行時，心不浮沉、不遲不速、動靜一如，靜不忘失觀照的工夫、動也不離開寂靜的境界，對於任何境界「心無所動」，是止觀雙運而無心寂照。動中的禪修，品味每一個微細的動作，體會每一寸寂靜的味道，所以動中的禪修，觀照力會變得很敏銳，動態的行止，卻顯得特別的靜寂。

心的訓練，就像是木匠尋找蓋房子的樹，找到之後，開始製造成房子所需的木板或其他材料，樹在成就房子的同時，也成就了樹本身更多的效用。我們的心也是如此，心的原始狀態是很粗蠻的，不能發揮心的最大效用；但若能找到這顆心，並加以安止的訓練，心會變得很清楚、很細膩、很敏銳，就像是木匠找到了大樹、改造成房子，我們也可以將心訓練為很清楚、很敏銳。

一葉知秋的生死大戲

當心變得很敏銳、很細膩，我們在細微處，就能體現宇宙真理。善見比丘在林中經行，知曉林樹的四季改變，春天的抽發嫩芽、夏天的茁壯茂盛、秋天的落葉蕭瑟，冬天的枯枝殘葉，一片葉子在春、夏、秋、冬四季的更迭變化，宛如人生由生至死的大戲。

人們面對死亡總是傷心悲痛，對出生總是歡欣快樂。其實我們出生的那一刻就已是死亡，生與死是一體的，就好像一棵樹，抽發嫩芽的同時，必然就有著凋零枯萎的一天，有枝就一定有根，有根就會有枝，不可能有此而無彼，有彼而無此，所以，樹葉的生發不足喜，樹葉的凋零也不足悲。

善見比丘善於觀境而達理，林中四時的變化，讓他領悟樹即宇宙，一株樹、甚至一片葉子，就體現了宇宙的真理。

樹林就是佛國世界

一株樹就是一個世界，《華嚴經》說世界海有各種形狀，包括樹形、花形等的世界海，善見比丘在樹林間往來經行禪修，猶如是在各種形狀的世界海中經行禪修。凡夫以為不足為奇的山川樹林，在修行人眼中則是無以數計的佛國世界，施行濟度各類眾生的事業。

唐代傳奇小說《南柯太守傳》，敘述一則如夢似真的故事：

相傳唐代東平郡人淳于棼與友人在大槐樹下飲酒，因為喝了太多而醉得不醒人事，兩位朋友攙扶著他，在廊上，淳于棼恍惚中作了一個夢。夢中，他被大槐安國國王招為駙馬，當了南柯郡太守，享盡榮華富貴，天倫之樂。後來公主因病過世，淳于棼罷去太守職位，回家鄉探望親人。回到家後，他卻看見自己睡在廊上，護送他回家鄉的使者大聲呼喚他的名字，他才從夢中清醒過來。醒後他發現，家裡的僕人正在打掃庭院，送他回來的兩位朋友正在洗腳，喝剩的酒也還放在東窗下，一切都沒有改變。沒想到才做一會兒的夢，卻好像經歷了一輩子。他到大槐樹下，發現樹下有個蟻穴，挖開一看，穴中布置竟如同夢裡所見的大槐安國一般。

大槐樹中有蟻國世界，淳于棼夢中進入蟻國世界經歷了一生。所謂「一花一世界，一葉一如來」，一株樹，細細去看它，原來都含藏了無數眾生，只是凡夫心粗，不覺不知，修行人心地清淨，覺察一切處，每一株樹都是一個世界，甚或無以數計的世界，善見比丘不僅覺照到樹中的世界，並且度化樹林間一切世界的眾生，有如諸佛菩薩到十方世界，度化各類眾生。

善見比丘在林中往來經行，就是在諸佛國度經行。善見比丘的動中禪修，更見心行的清淨、細膩，唯有心淨且細，才能於動中猶能領會靜中的世界，並於微小的境界中體現宇宙的奧妙！

一念遍法界

善見比丘經行時，無量天、龍、夜叉、乾闥婆、阿修羅、迦樓羅、緊那羅、摩睺羅伽、釋、梵、護世、人與非人前後圍繞，主方之神隨方迴轉引導其前，足行諸神持寶蓮華以承其足，無盡光神舒光破闇，閻浮幢林神雨眾雜華，不動藏地神現諸寶藏，普光明虛空神莊嚴虛空，成就德海神雨摩尼寶，無垢藏須彌山神頭頂禮敬曲躬合掌，無礙力風神雨妙香華，春和主夜神莊嚴其身舉體投地，常覺主晝神執普照諸方摩尼幢住在虛空放大光明。

善見比丘告訴善財童子：當他經行時，一念當中，一切十方皆悉現前；一念當中，不可說佛剎皆悉嚴淨；一念當中，不可說眾生差別行皆悉現前；一念當中，不可說諸佛清淨身皆悉現前，恭敬供養，領受教法，入一切三昧門，了知一切根際，於一切時轉法輪……。

修行人的外在行儀，看似與凡夫無有不同；其實，凡夫與修行人的內在心靈境界，卻是大大的不同。禪宗說：「搬柴運水皆是神通妙用。」平常生活中的穿衣吃飯、行住坐臥，凡夫多在慣性中不經意溜過，不曾注意，也不覺稀奇；但修行人卻在其中大做佛事。

善見比丘能覺照到每一株樹都有無量眾生，並化度一切眾生，因為他在動中的行徑間，每一個念頭依然清清楚楚，每一個念頭都與佛國淨土相應，每一個念頭都度化了無數佛國世界的眾生。平凡無奇的林中經行，善見比丘卻在經行中，不斷把佛法帶到各個世界，在十方佛國淨土廣做佛事，這就是凡夫與修行人在心地工夫上最大的不同。天地靈祇深知悉之，是以善見比丘身邊有著無數的天龍護法恭敬圍繞。

善見比丘在林中經行，是動中進行禪修的工夫，動中禪修更著重在心性的作用上下工夫，同時展現出心靈境界的清淨與慈悲的深廣度。

化干戈為玉帛

第二十三參無上勝長者

漸次經歷，到彼城內。見無上勝在其城東大莊嚴幢無憂林中，無量商人、百千居士之所圍遶，理斷人間種種事務；因為說法，令其永拔一切我慢，離我、我所，捨所積聚，滅慳嫉垢，心得清淨……。

善財童子第二十三參來到可樂城城東大莊嚴幢的無憂林，參見無上勝長者。可樂城的無憂林，象徵這座樹林擁有和諧、自然、清涼、悅樂的意境；但無上勝長者在無憂林中，面對的不是清淨無憂的可樂境界，反而是人世間最複雜、黑暗的是非爭訟。

當善財見到長者時，有百千人圍繞著長者，請他排難解紛。

無不是藥

禪宗有一則文殊菩薩與善財童子的故事：

一日，文殊菩薩令善財童子去採藥，說：「將不是藥者採來。」善財童子遍尋各處，發現大地草木無不是藥，返回稟報文殊菩薩說：「大地之中無不是藥。」

文殊菩薩說：「那將是藥者採來。」

善財乃拈一枝草，呈與文殊菩薩，文殊菩薩拈起，對大眾開示：「此藥能活人，亦能殺人。」

大地之中的每一株花草樹木，若能就其根性去運用，每一株植物都可以成為治療疾病的良藥。眾生就像林中的草木，千差萬別，各有不同，若能依個別的根器加以發展，在適當的位置用適當的人，每一位眾生都可成為社會上的一味良藥，成就自己，也成就他人。

能活人，亦能殺人

但是眾生之所以為眾生，乃因為仍留有各自的習氣、見解、妄想和執著；眾生的習氣、見解、妄想和執著，又會造成彼此間的紛爭、衝突等一切問題，這時，眾生不再是良藥，而是危害他人的毒藥。

到無憂林找無上勝長者的眾生，良藥的面相已被隱埋，呈現出毒藥的一面，彼此爭鬥、惱害對方。面對這些滿身毒性的眾生，無上勝長者不以審判的立場而批駁瞋怒，也不因人性的醜陋而灰心失望，依然寬厚如大地、天雨般，包容這些深陷在無明黑暗中、無可自拔的眾生，無有分別地為眾生排憂解難、化解紛爭。

天地之間，雖然草木各有不同，但是大地從不簡擇何者讓其生、何者令其滅，一任草木各自的天性發展，亦如天雨普潤萬物，無有分別地滋長每一種植物。《法華經．藥草品》說：

> 譬如三千大千世界，山川谿谷土地，所生卉木叢林，及諸藥草，種類若干，名色各異。……雖一地所生，一雨所潤，而諸草木各有差別。

大地和天雨滋養下的每一株植物，皆能成為藥草，但又保有各自的不同，因為大地與天雨，皆是就萬物的本性予以長養滋潤。無上勝長者就像大地天雨般，滋長每位眾生的本性，也就是滋養眾生皆具的善根佛性。唯有將眾生的善根佛性開展出來，眾生所呈現的面相才會是良藥而能活人；善根佛性若被障蔽不顯，眾生就會在三毒煩惱的作祟下，變成毒藥、甚至殺人。

法雨潤人華

第八參和第十一參的善知識，也是以樹林為道場，他們修行度眾的方式，都是依於林木的清雅幽靜而進行林中禪觀，是無有雜染的清淨修行。第二十三參的無上勝長者，雖然亦身處於幽林之中，環繞他的卻是成千上萬人的是非爭訟。面對人事的鬥爭與林間的清雅，二者的背反不和諧，長者依然安詳自在，心靜如林，不因此而厭棄人事的複雜，隱入杳無人跡的林中，反而深入各種層面的忿競鬪戰，將眾人從怨結繫縛中帶領出來，走向自性的光明、走向如林木般清淨無染的境地。

無上勝長者在面對一切善與惡、光明與黑暗的境界，皆無愛憎喜怒的分別，猶如大地和天雨般廣大清淨、普施普潤，因而自在無礙，歡喜悅樂。長者雖是安居林中，卻是行持難行的人間菩薩道，長者染而無染、自在又慈悲的德行和心境，讓善財童子感動得五體投地、頂禮良久，才起身連說：「我是善財！我是善財！是專求菩薩道而來的。」

菩薩行者普潤眾生，如法雨滋潤人華。花草得天雨滋潤，能結實成果；眾生得法雨滋潤，則能見性成佛。《法華經．藥草品》說：

佛所說法，譬如大雲，以一味雨，潤於人華，各得成實。

人世間就像一座大園林，人人皆是園中的一草一木，草木可銳利如刀刃，亦可蒼翠柔軟如茵。如果能讓園中的草木皆成好花藥草，人世間這座大園林，當下就是清麗如佛國淨土的極樂花園。

海岸園林

第七參休捨優婆夷

休捨告言：「善男子！我唯得菩薩一解脫門，若有見聞憶念於我，與我同住，供給我者，悉不唐捐。善男子！若有眾生不種善根，不為善友之所攝受，不為諸佛之所護念，是人終不得見於我……。」

善財童子第七參來到海潮處，參訪休捨優婆夷，這位女居士建了一座莊嚴的園林，以此園林接引、度化眾生。

《在天堂遇見的五個人》這本書中，談到每個人都有一座自己的天堂，而且每個人都以自己的天堂等待和啟悟來天堂的人，讓他明瞭在人間的生命意義。

休捨優婆夷也以她的美麗園林為天堂，點化來遊園的參訪者。

設在海潮處的園林

休捨優婆夷的園林，名為「普莊嚴園」，顧名思義，其園林周遍了一切莊嚴寶物，猶如極樂淨土，無論是花草樹木或亭台樓閣，皆是廣大崇麗、燦爛輝耀。而這堂皇斑斕的園林，不是設在都城繁華之地，而是座落在偏遠寂寥的海潮處。

海潮，以其規律的律動，擊打岩石所形成的浪濤聲，成為禪修反聞自性的助緣。

當園林設在海潮處，這意味著此座園林是要以湛如澄海的靜（淨）心去品賞，而不是以浮盪的旅遊心情走馬看花。華嚴的富貴相，若不以靜（淨）心觀照，一切都將流於俗麗；若以靜（淨）心細味，萬物皆在說法，是座遍地說法的天堂。

當靜（淨）心賞園，乃至心湛如海，則有機會與園林主人相契印。

心湛能見善知識

休捨優婆夷心地廣大，猶如大海，湛然澄淨。入園者若能見到休捨優婆夷，一切病苦、煩惱皆除，一切善根皆得增長，進而入於無礙的清淨世界；但要見到優婆夷並不容易，必須廣植善根、親近善友與得諸佛護念。這就像是《在天堂遇見的五個人》書中，主角遇見的第三個人——遊樂園的老闆娘。

《在天堂遇見的五個人》描述男主角艾迪在遊樂園終其一生從事機械維護員的工作，他一直覺得自己的人生過得沒有意義，後悔年輕時的很多願望沒有實踐，每天過著不愉快的生活。直到八十三歲生日當天，因為遊樂設施機械故障，為了搶救一個小女孩，艾迪犧牲了自己，死後他遇見了五個人，分別進入了這五個人的天堂。其中第三個人是遊樂園的老闆娘，她的天堂是風雪中的小餐館。所有歷經風霜、受過傷害的人，都能在她的天堂裡得到療癒，放下怨恨，得到寬恕與慈愛。

艾迪在即將見到老闆娘之前，他感受到前所未有的平靜；但在餐館中見到他的父親之時，所有小時候被毒打、不被關愛的怨恨，全都一股腦兒地翻了出來，而老闆娘讓他看見許多事情的原委之後，他開始能同情而諒解他的父親，他的心靈被修補了。

休捨優婆夷的園林具有無言的教化作用，除了能治癒身心靈的創傷，即使無緣與她相見，但凡有緣進入園林之中，將來皆能入於不退轉位；若能與優婆夷同行，皆於阿耨多羅三藐三菩提得不退轉位，是座全方位的天堂。

心園、心地桃花源

普莊嚴園的清淨莊嚴，常能感召十方諸佛到來，為優婆夷說法。

休捨優婆夷感召十方諸佛，是有其累世因緣，她於過去生已供養三十六恆河沙佛，發心之久，親近諸佛之不可計數，故與諸佛有甚深法緣。優婆夷興求無上菩提道的發心不是有目的性的，而是基於本自佛性，當菩薩自見心性而發起上求無上菩提道之心，佛性之廣大遍虛空，豈能以有限的識心去揣度！發心遍法界，因而感召的功德也是無以限量，成就的淨土，是清淨莊嚴心所展現的桃花源。

《在天堂遇見的五個人》書中所描述的五個人的天堂，都是由自己心願所建構出來的桃花源，即使是以戰場為天堂的隊長——艾迪在天堂遇見的第二個人——在他眼中並不是艾迪所看到的戰場，而是沒有戰爭、一片祥和的美好田園，當艾迪了解犧牲並不是失去的意義之時，他也看到隊長心中「戰場即天堂」的桃花源。

五十三參的每一位善知識，其實就是以他們自己的天堂來接引和啟悟參訪者，即便是勝熱婆羅門以刀山火海接引眾生，那也是一座天堂，就看參學者能否體悟惡劣的環境——也是座天堂！

日光園林

第二十四參師子頻申比丘尼

善男子！我見一切眾生，不分別眾生相，智眼明見故；聽一切語言，不分別語言相，心無所著故；見一切如來，不分別如來相，了達法身故……。

善財童子第二十四參參訪「日光園」的師子頻申比丘尼，日光園為勝光王所供養，讓師子頻申比丘尼在園中為無量大眾說法。

日光園中幻做佛事

日光園中有許多大樹，樹的形狀都非常高偉，而且各有造型，或像樓閣、或像金山、或像雪山王，都從葉片間綻放光明。有的或是音樂樹，恆出美妙的音聲；有的或是香樹，恆出清新的芳香。園林芳草柔軟，珍奇悅耳的鳥鳴聲瀰漫空中，園中並有泉流陂池，池上有各種顏色的蓮華開敷。

日光園是一處充滿色彩、音樂、芬芳，以及生機活潑的園林。

這座園林即使無以數計的眾生進入，皆不迫窄，因為師子頻申比丘尼具有不可思議威神力，猶如《維摩詰經》的維摩居士，一方小斗室，卻容納了八千菩薩、五百弟子、百千天人，因為善知識了法如幻，故能在夢幻的世界中大做佛事。

無盡風光的園林，也只為了啟悟遊園者直觀當下，透入一朝風月的無邊幻化。

慈柔說法無遮度眾

善財童子在園中見到師子頻申比丘尼時，他遍坐於一切寶樹下的師子座上，在不同的法座上，為群聚的不同眾生開示差別的教法，包括：天龍八部、人、非人、二乘聖者、菩薩等等。師子頻申比丘尼不僅化身無數，而且契理契機地為不同眾會開示說法，令不同會眾各得解悟。

說法不難，就像當老師不難，只要照本宣科，也可以教書；但要當個好老師就不容易。同樣地，說法並不在於能不能說，而是在於能否契理契機地讓聽法者各得解悟。儒家有所謂的「因材施教」，中國傳統的師生關係是共住同止的，學生依止老師朝夕相處，老師教導學生不只是知識上的傳授，更重在心性修養上的指導，因為朝暮同止，所以老師對每一位學生的才性和特質都很了解，便能直搗黃龍，應機說法。

一般人要朝夕相處，才能了解對方、掌握對方特質，師子頻申比丘尼無須與聽法者朝夕共止，就能直入對方心性，應機說法，原因在於，他以對方心為心。當以對方心為心，就能同情而了解別人，即使再惡劣的眾生，其實都有他脆弱或受傷的地方，常人言：「可憐之人必有可惡之處。」但具慈悲心的菩薩則是認為：「可惡之人必有可憐之處。」眾生的剛強難化，常讓發心者退失道心；但慈悲心深厚的善知識，愈是剛強難化的眾生，愈不捨棄。

此參以女性出家眾做為善知識，凸顯的正是慈悲的特質，因為慈悲，所以能廣大包容各類眾生。因能廣納善惡各類眾生，師子頻申比丘尼才能化身無量，具有教化不同種類眾生的能力和功德。

心有多大，成就的事業和功德就有多大。

修福與修慧

日光園是由勝光王供養的，他是為了讓師子頻申比丘尼能為大眾開示說法而捐贈的。佛陀時代許多大富長者，自己沒有能力說法，便資助能說法的比丘弘法的所需，自己以修福的方式，成就別人說法的因緣和功德，而自己也藉此種下了修慧的福德資糧。

福慧是學佛修道上必具的二資糧，如果只有福報而無智慧，就如大象戴瓔珞；若有智慧卻缺少福報，則如羅漢托空缽。船業鉅子沈家楨居士，學佛之後就將他的資產分成兩部分，一分修福，一分修慧，福慧雙修，讓他在佛行事業上堅持恆久、日深日厚。

勝光王供養師子頻申比丘尼這座美麗的日光園，也是福慧雙修，因為師子頻申比丘尼將園林本具有的「福」的層次，又加入了為「慧」的成分，使日光園不只是一座可賞可玩的園林，並具有「日光」般的智慧，能令眾生破暗啟明。

善財童子心生恭敬，起念右繞比丘尼，比丘尼放大光明，園林中所有林木、泉流皆金光閃耀，善財童子及園中所有林木，皆右繞比丘尼，形成不思議境界。日光園的林園之美，不在於園林花草林木的落英繽紛，而是師子頻申比丘尼由內心所綻放的慈心智光之美。

佛陀誕生聖地「嵐毘尼園」

第三十九參妙德圓滿女神

最上離垢清淨心，見一切佛無厭足，願盡未來常供養，此明慧者受生藏。
一切三世國土中，所有眾生及諸佛，悉願度脫恒瞻奉，此難思者受生藏。

善財童子第三十九參參訪在嵐毘尼園的妙德圓滿女神，這位女神修持「菩薩遍一切處示現受生自在法門」，她於過去生曾發願，願菩薩示現受生時皆能親近，以此因緣，女神成就了嵐毘尼園，證善果妙慧境界，世尊於此降生。

菩薩悲願受生

脫離輪迴、究竟佛果，向來是佛教行者的修行目標。

生死輪迴，充滿了各種痛苦，且不說三惡道所受的苦，即便是人道，無常隨時發生，不如意事十之八九，面對種種困難挫折，很容易讓人興發厭離心，常使熬不過巨大業力煎迫的人，選擇自我了斷，提早結束身為人的這一期壽命，然而苦痛是否就此了結？還是永無止盡的業苦流轉？

不要痛苦，是人最簡單的反應和渴望，能以自力修行證果的聲聞聖者，也以不受後有，做為追求永遠離苦的修行目標。《阿含經》以截斷、焚燒樹根，令樹不再生長為譬喻，說明諸苦滅盡的解脫境界，就是不再輪迴受生，滅盡一切諸苦的寂靜涅槃。

面對生死輪迴必然要遭受的諸般痛苦，大乘行者不但不因此厭離，反而發願不斷來娑婆世界受生，這種不可思議的願力，卻正因了知輪迴是苦。輪迴之苦，如果沒有智者帶領眾生離苦，眾生何能走出這無止盡的業苦流轉？於是大乘行者在強大的悲願和使命感驅使下，不斷發願轉世受生，或如天台宗所言的「留惑潤生」，或是聖嚴法師常說的「乘願再來」，而西藏則有轉世活佛。

無盡的願力和耐心

西藏眾所皆知的轉世活佛，通常會選擇父母也是清淨的修行人，以聖潔的時空環境做為受生的緣起。

妙德女神為了讓聖者具有聖潔的受生環境，以大悲願力成就了清淨妙好的嵐毘尼園，此後，妙德女神日復一日、年復一年地專念聖者下生，然而菩薩始終不曾到來。但是妙德女神並未因久等聖者不至而放棄此一願心，依然不畏生死地不斷受生，終於在歷經百年之後，世尊從兜率陀天降生。

發願容易，但是願力的完成，是需要無盡的耐心、毅力和實踐力。妙德女神的等待，不只圓滿了她的心願——聖者的降臨，而且讓她的園林出現不可思議的境界。

當世尊受生時，嵐毘尼園出現神奇的現象，園中大地忽然平坦，金剛為地，眾寶莊嚴，無有瓦礫荊棘。園林處處充滿香氣，林木自然綻放摩尼寶華，各種莊嚴具行列分布，池沼自然涌出各種妙華。天龍、夜叉等一切諸王莫不來集，合掌而住；所有天女皆生歡喜，各各捧持諸供養具，向世尊將降生的畢洛叉樹前恭敬而立。十方一切諸佛臍中放大光明，一一光中悉現諸佛受生誕生所有神變，及一切菩薩受生功德。

摩耶夫人懷胎十月後，當夫人走入嵐毘尼園，大地突然出現光明瑞相，照亮眾生幽暗的心靈，令眾生得法光明。

摩耶夫人走到嵐毘尼園的畢洛叉樹下，世尊將誕生時，園中普現過去所有一切諸佛入母胎時，所有神妙莊嚴之事。不可說數相好光明的菩薩，同時讚歎世尊。天王一同執持大蓮華至摩耶夫人前，並降香雨，恭敬圍繞，散諸天華，出微妙音，歌讚世尊往昔供養諸佛功德。

園林，覺悟的發生

天神的聖殿通常是高偉巨大的，何況是迎接聖者的降臨，不雄奇不足以顯示聖者的殊特！但是妙德女神卻以清幽的園林，做為迎接聖者的聖殿，妙德女神所要凸顯的不是聖者的偉大，而是要讓人們在園林中，看見覺悟的發生。

園林，是最接近自然的人為設計，在園林中，人的能力再強，也比不過大自然的力量，當時節因緣一到，百花綠葉也只能任它飄零散落，人不能插手干預，只能靜觀萬物的起落。花開葉落，就是啟你直觀當下。

萬緣放下，才能照見本心，就像花已謝了，再怎麼傷春悲秋，也喚不回嬌豔的花，此時此刻，若能止息向外馳逐的心，反觀內照這離於五蘊的心，生命才能赤裸地面對萬物，也才能讓隱蔽的本心，全體裸露，覺悟於是發生。

摩耶夫人由宮殿走入園林，猶如從人為環境出走，進入自然，所有塵俗放下，放鬆自在，生命如此坦白裸露，於是，未來將覺悟的世尊，誕生了。世尊在園林中，如此赤裸的降生，這裸露，乃一切的裸露，不沾染任何一片春花秋月。萬法因緣生，所以入於當下；萬法因緣滅，所以不為塵俗所染。整體本然，具足一切，無須外在的人為衣飾，自然如園林，不假外求，圓滿具足。

佛陀以赤裸之身，降生於自然的園林中，凡夫如我等，亦當赤裸本心，讓覺悟發生！

貳

大隱隱於市

讓家宅成為道場

第十五參法寶髻長者

長者執善財手，將詣所居，示其舍宅，作如是言：「善男子！且觀我家。」爾時，善財見其舍宅，清淨光明，真金所成，白銀為牆，玻瓈為殿……。

每個人都需要一個家，每個人也都渴望擁有一間自己夢想打造的家，這個家，是凜冽寒冬的溫暖處所、是風雨世界的最佳港灣，它就像個繭，能包覆存在其中的人，使其卸下武裝，以最真實的面貌得到全然的休息與滋養。但是，有人坐擁好幾棟房子，卻沒有一處有「家」的感覺；有人只有一間簡陋的小屋，就已幸福滿懷。每個人與家庭，都深深糾結著或正面、或負面、或曖昧難解的情感關係，人與「家」之間的牽絆與疏離，其實反映了自我內在種種隱晦不明的情愫。

《華嚴經．入法界品》講述善財童子求道的故事，當他參訪最後一位善知識普賢菩薩之時，前一位善知識並未告知普賢菩薩身在何處，善財遍尋不著，外求的心在收攝內觀、歸返心源之後，頓然領悟，原來道不在外，就在自家，風光無限，剎那間，善財即見自身和普賢菩薩共坐佛前。在我們尚未找到自家風光，歸返真正的家園之前，「家」與我們有著複雜的情感羈絆，密切而擺脫不了，只有轉化和超越外在的「家」，內在的「家」才有機會躍然而出。

家的愛與愁

我們與這個世界最初接觸的生活空間就是家，家是我們生命歷程中的第一個宇宙，這個宇宙形塑了我們的人格特質。家庭中每個成員的性情、生活態度、教育理念、處事方式……，交互影響著彼此之間身心靈的全體結構。而塑造我們生命型態發展的，不只是與家人之間的關係，還包括家的物質空間。

在貧富差距懸殊的環境，貧困者會因家宅的簡陋而自卑，富貴者則以家宅的豪華而驕慢，就社會形象而言，家宅是社會地位的象徵符號，於是，評價家宅空間的優劣，又加深了人的分別對立性。家的物質空間雖然會影響人格的發展，但當人過度追逐「家」的物質空間時，「家」的本質空間就會隱遁消失。

面對物質空間，《華嚴經》呈現的是物質的正面作用。〈入法界品〉的善財童子，累世廣修福德而出生在福城的富貴家庭，這個城市的每個家庭都富裕豐饒，大家的出生背景相當，富貴不再是誘發人比較分別心的因素，反而成為修道人求法過程中的福德資糧，富貴展現的是善的因果循環。善財童子五十三參當中，以「家」為道場的善知識，也都以豐盛的日常物資做為「先以欲勾牽，後令入佛智」的方便道，再為來「家」作客的大眾開示佛法。

廣開八門，廣修供養

第十五參法寶髻長者，是位擁有十層大樓的富豪，這位富豪不僅不做任何防護小偷光顧的措施，反而廣開八門，讓人方便出入，隨意取用家中的財物。做為一家之主的大家長，肩負著家族生計和建立家風的雙重責任，一般家長為了家中生計，在財物上必然量入為出，像法寶髻長者如此大氣魄的作風實屬難得，即使是大富豪也難得一見。許多富豪過世之後，子孫未必因為優渥的物質條件而幸福美滿，反而可能為了爭奪遺產而紛爭不斷，或因錢財得之太易而敗壞墮落。家產可能導致禍患，但是良好的家風必能樹立子孫優良的內在人格，而且「兒孫自有兒孫福」，每個人有其各自的因果，如果深知因果之理，就不會執著將錢財藏於己身或留給兒孫，所以，有智慧的一家之主是留傳好的家風給子孫。然而，如何將家產轉化為優良家風？法寶髻長者利用家宅的空間，讓豪宅變成道場，具體呈現《華嚴經・普賢行願品》中「廣修供養」的精神，樹立了綿延無盡的慈愛與智慧的家風。

法寶髻長者的十層八門大宅，是將大樓的一樓到四樓分別布施食、衣、住、行各方面的豐美物資，五樓至十樓設置不同階段的修行方法，包括講經說法、禪坐、菩薩道，乃至究竟成佛等等修法。具足慈悲願力的長者，悉知眾生物質需求不能滿足的痛苦，所以他從一樓到四樓廣設各種民生物資，讓飢寒的人溫飽、貧困的人富有、無家的人有歸，滿足所有人的物質欲望；人在物質需求滿足之後，心靈渴望滿足的需求也會應時而生，於是長者在空間設計上，巧妙地將修法空間規畫在上層，五樓開始轉入心靈的度化，每上升一層，生命的境界也跟著向上翻躍。長者將豪宅變成道場，無異是將家風提昇為道風了。

以家宅庇祐眾生

大家長的風範在法寶髻長者身上完全展現，他的慷慨大度並不是隨意揮霍，而是以智慧和愛心充分運用了豪宅的大和富，廣納飢寒交迫的眾生，讓他們脫離痛苦，不僅免於生活的痛苦，並透過學佛聞法徹底消除心理的痛苦，這棟豪宅從物質空間到修法空間的層層規畫，使眾生的生命境界層層上揚，在「身安而道隆」的次第下，讓眾生得到究竟真實的安樂。杜甫詩云：「安得廣廈千萬間，大庇天下寒士俱歡顏。」中國文人的博大胸襟和崇高理想，法寶髻長者以其家宅體現了這份理想，就此而言，長者真可說是庇祐眾生的大家長！

柴、米、油、鹽即是悟道的契機

第十三參具足優婆夷

所有一切聲聞、獨覺，食我食已，皆證聲聞、辟支佛果，住最後身。如於東方，南、西、北方，四維、上、下，亦復如是。

家庭生活的開門七件事，往往被認為是愛情的殺手，因為柴、米、油、鹽的繁瑣讓人煩躁。而鎮日埋首煮菜、洗衣、打掃等枯燥乏味而沒有成就感的家庭主婦，也因此有著說不完的媽媽經，看似悠閒而毫無社會壓力的家庭主婦，卻有著別人不了解的滿腹委屈。

由料理入道

善財童子第十三參參訪的正是家庭主婦——具足優婆夷，優婆夷以平凡家庭主婦的身分，不僅成就自己，也成就眾人。她的生活空間就是家庭，她慈愛她的家人，所以她快樂地安住在她所要處理的每一件家事上。家事當中，她最拿手的就是料理，本來一件微不足道、甚至令人厭煩的瑣事，在優婆夷的巧手巧思和愛心之下，料理宛如一首首動人的樂章，深深扣動並維繫著享用的家人。

慈愛的心是最溫暖的，但在繁瑣的家事啃蝕之下，往往會變質，而具足優婆夷的愛心總是一本初衷，不曾改變，因為她專修忍辱波羅蜜，所以終能長長久久。做為一位家庭主婦，最重要的德行是安忍，優婆夷的忍德就像小器皿般卑小而中空，她始終謙卑而柔和地包容家人所有的不滿，承載家中的一切瑣事，家人都因她的慈忍而洋溢著幸福。人對家之所以有永恆的愛，部分原因是來自親切和護育的經驗結果，而具足優婆夷的忍慈廣大，她的愛心並推及眾生，以四攝法和四無量心護佑所有來她家的人，家的空間不再僅是個人的庇護所，而是眾人獲得永恆關愛的處所，家的有限格局也因此開展為無限空間。優婆夷並以忍辱波羅蜜實踐了菩薩成佛必須具備的布施、持戒、精進、禪定、般若、方便、願、力、智等的圓滿十波羅蜜，所以優婆夷名為「具足」。

優婆夷以忍辱波羅蜜的修證工夫，獲證一只能不斷湧現各種上妙資具的小器皿，這只小器皿一方面相應地肯定她的堅忍修持，一方面象徵家庭主婦雖然施展自己能力的空間有限，但只要安住其中，也能通於大道。就像日本的茶道，茶碗這一方小空間其實蘊含了無限的大機大用，所以喫茶即是禪悟的機緣，只在於能否體悟其間的禪茶一味。

一色一香，無非中道

優婆夷運用這只小器皿化現各種上妙物資，許多人因此而到她家求助，優婆夷視眾生亦如自己的家人，以無限的關愛滿足一切眾生的欲求，眾生需求無限，優婆夷的願力也無限，在有捨而更有得之中，小器皿始終源源不絕地變化各種物資，所有的物量不因眾人的消耗而增減一分，尤其是其中的美食，都加入了優婆夷滿滿的修行成果，只要享用這天廚妙味般的美食，都能體悟到食物的三德六味，進而悟道證果：

若得美食，當願眾生，滿足其願，心無羨欲。
得不美食，當願眾生，莫不獲得，諸三昧味。
得柔軟食，當願眾生，大悲所熏，心意柔軟。
得麤澀食，當願眾生，心無染著，絕世貪愛。
若飯食時，當願眾生，禪悅為食，法喜充滿。
若受味食，當願眾生，得佛上味，甘露滿足。

——《華嚴經・淨行品》

原來，柴、米、油、鹽都是我們的悟道契機，只是我們曾否用心？具足優婆夷以慈忍的愛心做出來的料理，深深感動著她的家人和視如家人的眾生，享用她所烹調的料理之人，都能在享用的當下，相應地感受到優婆夷的心行境界而悟道和證果，正是天台家所言：「一色一香，無非中道！」

親愛的，讓我成為你的修行伴侶

第二十五參婆須蜜多女

善男子！我於彼時，為長者妻，名曰：善慧；見佛神力，心生覺悟，則與其夫往詣佛所，以一寶錢而為供養。是時，文殊師利童子為佛侍者，為我說法，令發阿耨多羅三藐三菩提心。

華屋、美食，雖能打造富裕家庭的形象，但不一定能讓人幸福快樂，人對家庭所企求的幸福快樂，是源於家庭的溫暖、慈愛和安定，不是因為擁有豐厚的物質享受。家的幸福空間是建立在家人情感上的相互滋潤，但是人們往往以物質上的滿足代替情感上的相伴和滋潤，於是，家人間也就漸行漸遠。

家人之間的情感滋潤，是家庭幸福的根源，茫茫人海中，我能與你相遇，甚至成為一家人，從佛法來看，是具有甚深因緣的。家人情感上的相互滋潤，是一種愛的表現。愛，是家庭溫暖與幸福的泉源；但是，愛，也是纏縛輪迴不能出離的因緣，正如《楞嚴經》所云：「汝愛我心，我憐汝色，以是因緣，經百千劫，常在纏縛。」世間情愛在修道的路上常被認為是障礙，男女之間，因為愛戀不捨，以至百千劫來，輪迴流轉，不曾止息。恩愛夫妻，難分難捨；怨懟夫妻，又何嘗在輪迴中擺脫過彼此？不曾相愛，何以相恨？總是愛恨糾結，如鎖鏈般地緊扣相連。

愛欲是障礙，也是成道的因緣

善財童子五十三參當中，有一參最令人匪夷所思，就是第二十五參，參訪手姿綽約的淫女——婆須蜜多。婆須蜜多女聲音柔美，容貌端嚴，天仙美女也比不上她的美麗，她在自家宅中修行和度眾，只要能見到她、與她說話、牽她的手、和她坐在一起，甚至抱她、吻她，與她親近的人，都能得到不同程度的證悟，這種修行度眾的方式，當善財這樣清淨無垢的修行人去參訪她時，受到許多人的非議，認為善財迷失方向，走入魔道，陷入欲望的泥沼中了。

愛與恨、魔與道，原來都是緊扣相連的，愛欲能滋潤人，也能障礙人，能使人墮落，也能讓人成道。面對人性中的貪愛情欲，婆須蜜多女「以欲離欲」的方式，讓眾生離貪欲際。原本障礙人修道的貪愛欲望，何以能轉換為修行的方法？

天台宗言：「一念無明法性心。」貪、瞋、癡等煩惱無明，本來都是法性的變現，只是凡夫執著在煩惱上，未曾察覺這煩惱即是法性。舉個譬喻來說，法性與煩惱就如同大海與波浪的關係，大海在海風的拂亂下，激起一波波的浪花，而浪花與大海實為一體，不曾因海風的拂亂而改變，所以，煩惱浪與法性大海本來就是不一不異，只是眾生見了美麗的浪花，就執著它的美麗，不願捨離，所以始終無法藉著煩惱浪透入能映照天光雲影的廣闊大海；如果能放下煩惱大浪的執著，反聞覺性，就是照見法性大海的機會。因此，「貪欲為道用」，即是將貪等煩惱轉化為入道的方便法。

「貪欲為道用」的「貪欲」，是就凡夫的角度來說，紅塵男女在愛欲橫流中癡醉迷惘，身、口、意的發動都是貪愛欲望；而婆須蜜多女在身、口的行為上，或許表現的亦如凡夫一般，但這只是外相，若能接近她，親炙她內心的純淨清明，則能返照而洗淨自身的垢染。她心意的純淨，使一切塵俗的行為，都乾淨得不染塵埃：執她的手，沒有愛著的沾染，只有清淨的接引；與她相伴而坐，只有無相的光明，溫暖於心；即便是親吻擁抱，也是進入不捨眾生的三昧大定之中。婆須蜜多女以清淨的愛，讓眾生在貪欲生起的當下，反觀照見自己的貪愛是多麼的污穢雜染，頓時了悟，頓然放下貪愛執著。

西藏第一位女性成就者——依喜措嘉佛母，也是以潔淨的心，度化了強暴她的強盜，讓他們當下證悟；又以無比的耐心和愛心，以痲瘋病人希望的妻子身分，陪伴他、照顧他、侍候他、給予他所冀求的愛，感化了痲瘋病人。

以無執的愛，共成菩提眷屬

凡塵俗子的我們，要以貪愛證悟，並不容易；但以「愛」滋潤家人，是可以實現的。許多在家人學佛之後，常以負面的心態視家人為修道的障礙，結果佛沒學好，家庭生活先已搞得一團糟，甚至造成家人毀謗佛教。家人既與我們有著相憐愛的因緣，今生有緣再聚，應當珍惜這份緣分，如同婆須蜜多女以潔淨的愛感化人，我們亦以愛來成就家人，共成菩提眷屬！

潔淨的愛，就是沒有我執的愛，無執的愛是溫暖的，它是包容、寬恕、接納、不強求成果、不要求回報，能以對方的需求而適時的給予鼓勵和讚美，是依對方的善根而成就對方；執著的愛是有壓力的，它是嫉妒、控制、占有，是以己意要求對方達到標準，所謂「順我者昌，逆我者亡」，不順我者，必然要由愛生恨了。

許多夫妻在生活瑣事上，因為執著自己的觀點，吵到不可開交。譬如有對夫妻只是為了一杯水就鬧到離婚，妻子認為喝熱水對身體好，當然要喝熱水，所以每次都倒熱開水給先生喝；但先生喜歡喝冰水，覺得妻子一點都不體貼可愛，是他喝水，當然要倒他愛喝的水給他喝，而他倒水給妻子喝時，就倒冰冰涼涼的水給妻子喝，因為他覺得這才是好喝的水。雙方都覺得，我是愛你的，才把我認為好的東西給你，你怎麼這麼不體貼懂事。雙方各執一詞，本來都是出於愛對方的心意，所以把自己認為的「好」東西給對方，但是這真的適合對方嗎？還是只是出於自認為「好」的執著？

執著的愛充滿了逼迫性，雖也愛家人，但使家人直想逃離這個家；無執的愛是飽滿而自由，能推己及人，是廣大慈悲心的根苗，就像是法寶髻長者和具足優婆夷，雖為在家居士，但他們的愛並不局限在自家人中，而是遍及一切有緣眾生。〈淨行品〉云：「妻子集會，當願眾生，冤親平等，永離貪著。」真正的愛，是放下我執的愛，放下的愛，是剛剛好的愛，是對方需要的愛，也是我們最純淨的愛，是轉染污的貪愛為清淨的大愛，沒有執著，也就不會區分冤與親了，因為愛與恨、冤與親，總是相伴而生，解了一方，另一方也就無由再存在了。

如果能將貪愛轉化為放下的愛，我們就具有婆須蜜多女「以欲離欲」的工夫了。

我的家庭真可愛

第十九參不動優婆夷

「善男子！我得菩薩求一切法無厭足莊嚴門，我得一切法平等地總持門，現不思議自在神變。汝欲見不？」善財言：「唯！我心願見。」……。

《華嚴經．淨行品》談到在家修行的條目有一偈：「孝事父母，當願眾生，善事於佛，養護一切。」在家修行，實踐上是以「孝」為核心，孝是人倫的根本，能夠孝事父母，也就等於善事於佛了，學佛人會禮拜寺中的佛菩薩，但卻常忘了家中就有兩尊佛菩薩。懂得孝事父母的人，必有感恩、報恩的心，懂得報父母恩，也就懂得報眾生恩，所以，「孝」的德目修行圓滿，也就具備了養護一切眾生的德行。

真正的大孝，就是帶家人學佛，因為家人累劫以來纏縛的痛苦，除了學佛成佛、脫離輪迴，才能終止這輪轉不休的遊戲，此外別無它途。善財參訪的第十九位善知識是一位在家童女——不動優婆夷，不動優婆夷無量劫以來，都以女兒的身分度化家人，善財拜謁不動優婆夷時，她正在為家人親屬說法，家人因她而發心學佛，學佛之後也不曾動搖和退轉。

為什麼《華嚴經》描述帶領家族成員學佛的角色不是父母長輩，不是親愛的伴侶，而是受家人照顧的小女孩？

長輩在家中是扮演照顧和提供保護的角色，在提供保護的同時，很容易衍生出「你要聽我的」的心態，所以當長輩認為是好的事情，往往會以說教的姿態，希望晚輩聽從。在以上對下的分別對立關係中所表達的關愛，容易造成逼迫性，有時不僅不能讓家人聽從，反而造成反效果。相對來說，女孩象徵柔弱和聽話，在家中屬於受照顧的角色，溫馴而可愛，易與人親近，涉世未深，世俗的雜染少，沒有什麼成見，善於傾聽、容易融入而不對立，心思細膩而能體貼別人，說起佛法，不是客觀對立的說教型態，而是與大家交融共鳴，包容讚歎，所以女孩的角色，象徵度化家人學佛不是以威權的方式，而是具有少女般柔順慧黠對父母長輩真正的大孝的德行，所謂「未成佛道先成人緣」，讓這個家因為有你而變得可愛，在搏得家人、尤其是家族長輩的歡心之後，再勸誘家人學佛，就能讓人歡歡喜喜地接受佛教。

無量劫來化度無量家人

不只是誘化家人學佛應該如此，引導眾生學佛都應具有少女的德行，少女的德行並非特殊身分下的特定倫理，而是每個人本性中皆能綻放的德行，以無執的心關愛別人，放下各種的執著和對立，融入對方，當對方感受到被接受，也就較能接受你的一切，要對方學佛，也就容易下手了。

不動優婆夷累劫以來，並不執著誰是她的家人，只要有緣成為家人，優婆夷皆度之，所以無量劫來化度無量家人。不動優婆夷於過去生中，曾為電授王的女兒，在一夜闌人靜的夜裡，當時身為公主的優婆夷，仰觀星宿，忽見修臂如來在無量菩薩和天龍八部共同圍繞中出現，佛身光明燦爛，毛孔皆出妙香，優婆夷在光的照拂和香的熏染下，身心柔軟，充滿歡喜，不禁五體投地頂禮如來，如來的相好光明，巍巍蕩蕩，令優婆夷興起好樂之心，佛知優婆夷心念而說：「你應發起不可壞心，斷滅煩惱；你應發起無退卻心，入深法門；你應發起堪耐心，救惡眾生……。」優婆夷即發堅固不壞猶如金剛般的不退道心，於無量劫來，對自家親屬從不生起任何一念瞋心，並為調柔眷屬而廣修一切法門，因而化度無量家人。

轉化愛恨糾結的家人，成為菩提道上的眷屬，是與纏縛的家人最完美的結局，也是對父母長輩真正的大孝。

虛空為家

第三參善住比丘

我以得此神通力故，於虛空中或行、或住、或坐、或臥、或隱、或顯，或現一身，或現多身，穿度牆壁猶如虛空；於虛空中結跏趺坐，往來自在猶如飛鳥；入地如水，履水如地，遍身上下普出煙焰如大火聚。

社會學家研究發現，渴求一個甜蜜的家，在孩童時期即已出現，成年後要建立家園之時，人們對於家的空間更是寄予厚望；當現實生活不斷侵蝕甜蜜家園的夢想，幸福家庭似乎成了難以企及的桃花源。然而，我們曾否想過，我們為什麼需要一個「家」？「家」的本質又是什麼？

當人們空虛寂寞時，「家」的渴望總是特別地強烈，於是人們渴望擁有一個

「家」來滿足內心的空虛，而人心之所以感到空虛，是因為內心沒有歸屬感，於是人們需要一個象徵「歸屬感」的「家」，讓心有個安住之處。但是，內心安住在象徵「歸屬感」的「家」，是否就不再空虛了？

其實內心之所以會感到空虛，更根本的原因，是因為心的本質就是「空」，如果想要以有形的物質，來滿足無形的空心，是不可能的，空心永遠無法以有形的物質將之填滿，只有還歸心的本質——「空性」，才能適得其所。所以，豪華大宅不見得能帶給人們安定和幸福的感覺，如果沒有了知，內心渴求一個象徵溫暖的「家」，是緣於心的空性本質，即便是親密家人的溫情滿懷，也可能因為無常而失落。

知家性空，免其逼迫

然而人們總在空虛之時，向外尋求象徵歸屬的「家」；有了歸屬的家之後，卻又膠著不已。《華嚴經．淨行品》對於在家居士如何安於居家生活的總綱領是：「菩薩在家，當願眾生，知家性空，免其逼迫。」在家安居，首先必須瞭知，這個家，無論是否讓我們快樂，還是讓我們痛苦，它的本質本來都是空的，家人不屬於我們任何一個人的，只是因緣會聚，所以大家共同組成一個家，若能隨緣安居，則能免除家人之間或物質、或情感上的種種逼迫。

善財童子第三參參訪的善住比丘，不住著於任何處所，他以天地為家宅，虛空寰宇有多大，他的安居處所就有多大，天地之間沒有一處能障礙他，更沒有一物、一人能障礙他，因為善住比丘心如虛空，不著靜，也不動亂，不耽於雜染的煩惱，也不溺於清淨的境界，不會因為沒有歸屬而空虛，也不會因為有了歸屬而膠著，他的心始終是以「無住」為安住方式，以無所住而生的心，猶如虛空一般，廣大而開闊，無所滯礙，所以善住比丘猶如飛鳥，來去自在，變化自如，在虛空中，或行或住、或手摩日月、或身出大火、或現各種神通變化，上天下地速疾成就，隨意化現各種莊嚴物，於一剎那頃供養不可說微塵數的諸佛場所，化度眾生無以數計。

人做為天地之間的存在者，因為自己將心量局限在有限上，執著在萬法上，於是自己所能擁有的視界範域也就相對是有限的、有範圍的，為萬法所轉，為萬法所苦；若能心同太虛，不被萬法所局限，廓然無物，悠游於天地之間，萬法將為我所用，為我所開顯。

以虛空為家的善住比丘，其名字揭示了內心最好的歸屬之處，就是將心安住在無形的虛空之中。或許有人將逃避責任說是不執著，任性妄為也說是不執著，結果未證空性，善惡因果已先胡亂造作了一番。無所住的善住比丘，其心之所以廣大如虛空，是在嚴格遵守規整的戒律之下，才獲得廣大自由而無礙解脫的境地。所以，想要擁有真正廣大的自由天地，只有透過嚴格的遵守律儀，才能達到「從心所欲而不踰矩」的境地。藏傳佛教的祖師蓮華生大士曾說：「見比虛空高，取捨因果較粉細。」我們在見解上要如翱翔天際的金翅鳥般，沒有任何障礙；但是在行為方面，對於因果的善惡取捨要非常地仔細、小心謹慎。所以，嚴謹的持戒是清淨心地的基礎之道、也是最佳方法。

沒有歸屬的歸屬

評論家兼作家龍應台曾與聖嚴法師談論有關「歸屬」的問題，一位出了「家」的法師，為什麼能夠擁有安定而清澈的歸屬感？聖嚴法師回答道，他從不追求歸屬，如果要說「歸屬」，他認為自己是「沒有歸屬的歸屬」，這並不是在虛無飄渺之中尋找一個歸屬，而是在現實生活之中，任何一時、一處，都是他的歸屬，即使大風大浪，也是他的歸屬。

聖嚴法師的「沒有歸屬的歸屬」，就是善住比丘以虛空為住、具體化現在人間的安住方式，這種無所住的歸屬，除了他們無所住著的心之外，更重要的原因是緣於他們以眾生為家，以菩提心為家，所以有眾生需要他們的地方，那裡就是他們的家。一個一心只有眾生的人，只要眾生需要他，即使大風大浪，他都會乘風破浪奔赴前去，哪裡還有什麼地方是不安全的，內心無有恐懼，天地之間自然處處都可為家，不僅處處為家，而且他就是眾生的家，眾生最溫暖可靠的避風港！

善財童子參訪彌勒菩薩時，彌勒菩薩告訴善財，什麼地方才是菩薩的家：

菩提心是菩薩生處，生菩薩家故。
深心是菩薩生處，生善知識家故。
諸地是菩薩生處，生波羅蜜家故。

大願是菩薩生處，生妙行家故。
大悲是菩薩生處，生四攝家故。

——《華嚴經．入法界品》

以眾生為家的菩薩，他們是以菩提心、深心、大願、大悲為內心的永恆安住之所，無所住著而以菩提心、深心、大願、大悲為自己安住的家，是真正永恆、安定而溫暖的家，因為這個家，雖然無所住著，卻最充滿安住的力量，菩薩依於內在的家，能於天地之間無所畏懼的安住，也能讓眾生不再漂泊地有「家」可歸。

挑逗欲望的商場

第四參彌伽居士

彌伽告善財言：「善男子！汝已發阿耨多羅三藐三菩提心耶？」

善財言：「唯！我已先發阿耨多羅三藐三菩提心。」

彌伽遽即下師子座，於善財所五體投地，散金銀華無價寶珠……。

善財童子展開的朝聖之行，前三參所參訪的善知識都是以自然環境為修道場所，第一位隱居山中、第二位觀海而修、第三位善住虛空；而第四參的善知識則迥異於前三位善知識，是在紅塵世間中找尋善知識——彌伽居士。

「彌伽」意指「能伏」，能伏邪見異論，故名之。彌伽居士住在「達里鼻茶」國的「自在城」，國名及城名，皆指彌伽大士能破除謬解邪見，自在圓滿。

編織美夢請君入甕

善財童子見到彌伽居士時，他正在人潮洶湧的市集中說法。古時候的市集，相當於現在的商場，以美衣、美食、飾物，甚至促銷，挑逗人的貪欲。在銷售現場，售貨員熱切高昂的叫賣聲，編織一場場平民美夢，消費者在頭腦昏昏之下，很容易被熱烈的氣氛感染，好像不買就不能圓夢，對不起自己，對不起搶購的大眾；喪失了難得便宜的大特價，在一片搶奪喧騰中，欲望衝動已經壓倒性的獲勝，大肆搶購，結果買了一大堆可有可無的東西。

彌伽居士在欲望橫流的商場說法，除了自己必須具有如如不動的功力，還要扭轉被欲望沖昏頭的眾生回復清明，這不僅是考驗自己的修行定力，更是測驗智慧、慈悲和耐心的試煉場。

菩提心轉化一切

面對看似絢麗，實為陷阱的商場，如何不被欲望打敗，而能扭轉這一切呢？

外在世界不是我們著力的重點，應關注的焦點是自己的心，當自己的心轉變了，一切外境也就都能隨緣安住，甚至巧妙運用，發揮最大的功效，就像是彌伽居士在市集中，不僅不會迷失陷溺，反能拉拔沉溺於陷阱中的眾生逃脫於外。而我們應轉變成什麼樣的心，才能不掉入美麗的陷阱？

善財童子見彌伽大士時，介紹自己已發菩提心，是為求菩薩道而來的。彌伽大士一聽，即刻下師子座，向善財童子五體投地、恭敬禮拜，散金銀、珠寶、香華等莊嚴物以資供養，並不斷讚歎發菩提心的難能可貴。

彌伽居士如此恭敬讚歎發菩提心的善財童子，因為要入世間行菩薩道，菩提心是扭轉一切境界的關鍵樞紐。

因為利他而自利

釋迦牟尼佛的本生故事中，有一則因為生起大乘菩提心，而轉惡境界成為善境界。

世尊有一世生於地獄，與同伴一起拉馬車時，因他們的力氣太小，拉不動馬車，獄卒便用熾然的兵器捶打、猛擊他們，極其痛苦。

當時世尊心想：「與其倆人受苦，不如我獨自一人拉馬，承擔痛苦。」於是他告訴獄卒：「請將同伴的繩子栓在我的頸項上，由我獨自拉馬。」獄卒忿怒地說：「眾生有各自的業力，你憑什麼改變。」說完就用鐵鎚擊打他的頭，結果世尊因為發此慈悲善念，從地獄轉生到天境。

故事中說這是世尊利他的開端。因為利他而自利。

菩提真心不怕火煉

在人世間修行，不僅沒有如山林泉水間的清淨，反而還有種種牽動凡心的誘惑，尤其是在爾虞我詐的商場，別人的錙銖必計、陰謀耍狠，如果沒有覺性和菩提心時時觀照，必然隨之流轉，斤斤計較或義憤填膺。如果我們具有菩提心，在面對人性種種黑暗面時，就不會迷失或痛心，反能具有廣大的包容心，慈悲看待仍在無明中流轉的眾生。

但是菩提心的貞定，必須在投入紅塵世間之前，否則勢必迷失於紅塵陷阱中。所以善財童子展開的朝聖之行，前三參參訪的善知識，或在山頂、或在海邊、或在虛空，皆安住於清淨之地，非世俗社會，並且善知識都是清淨的比丘，這說明了進入聖道必須先修離世的清淨心，有了離世清淨心的基礎，才能進一步再談入世的發心；否則要在俗世間而能超然於世俗之外，並不容易，不是以盲引盲，就是跌得頭破血流。

第四參在世人聚集的市集中才找到善知識，象徵修了出三界的解脫法，必須再回歸人間，試煉清淨菩提心的慈悲廣度與智慧深度，真金不經火煉，不能淬鍊出晶瑩剔透的菩提真心；也象徵入世必須先具備出三界的解脫法，方修世法，才能不染著於世間。

俗而不俗真自在

彌伽居士在市集中，坐在說法師子座上，從口中放出種種光，遇到此光的眾生就會到彌伽居士身邊，彌伽居士即為演說輪字莊嚴法門。輪字是會轉的字，也就是由基本的字母轉出無量無邊的字，因此修輪字法門，能總持、了知三千大千世界所有語言；由總持一切語言文字，進而總持一切眾生心念，因而能無障礙地依眾生心念，契理契機地施教。

相對於前三參法門的偏真不俗，彌伽居士所證的輪字法門是貼近於眾生的，在貼近眾生之中，又能令眾生超脫於世俗之外，法門能俗，卻又能俗而不俗，展現出真俗自在圓融的特色。

十字街頭好參禪

第十四參明智居士

居士知眾普集，須臾繫念，仰視虛空；如其所須，悉從空下，一切眾會普皆滿足，然後復為說種種法。

善財童子第十四參到大興城，在吵雜的十字街頭，見到明智居士坐在莊嚴無比的法座上，吸引行色匆匆的上萬群眾駐足，圍繞著他不肯離去。在繁忙、混亂的城市中，因為明智居士宴坐於寂靜觀照中，喧鬧的城鎮，頓時出現一方寧靜的空間。

街頭眾生相，追趕跑跳碰

城市街口常出現踏著腳步飛快、手中拿著公事包、耳朵夾著手機、眼睛東張西望的上班族，分秒必爭地為生活忙碌，內心在不由自主之下，也變得焦慮、煩惱、痛苦、緊張、火爆……，而車水馬龍、各種聲音鼎沸的十字路口，更是動輒得咎的地方，十字路口的人車流量的快速和壅塞，使人與人之間的關係似緊密而實疏離，稍一不慎，碰觸他人，就慘遭白眼，甚或惡言以對、拳腳相向。這樣的環境，常使人陷於苦悶、混亂、煩躁、抑鬱、恐懼、擔憂，心念的波動是具有高度的傳染性，大家互為依緣，每個人的煩惱也就漫天起舞，每個城市也就具有各自的共業了。

在煩惱漫天飛舞的城市中，禪門認為正是修行的好處所，所謂：「十字街頭好參禪。」身居深山、遠離人群的好環境，修行得好，不稀奇；如果在混亂的環境當中，心能自主，依然寧靜、安定，那才是真工夫。就像是明智居士，在喧囂的十字街頭，卻能將上萬群眾的注意力吸引過來，聽他說法，可見其攝心力量之強。他，僅憑一人之力，卻能影響千萬之人，因為他的心念寧靜，寧靜所散發出來的攝心力量，融化了周遭的暴戾之氣，放進了安定的波動，改變了整個時空的磁場。

百花叢中過，片葉不沾身

就善財童子朝聖的歷程來看，在遠離塵囂的深山古剎，向出家比丘學習靜心，是學修佛道的扎根工作，心地有了靜定的工夫，在任何時候、地方，都能不被境轉，因為有了活水源頭，這股靜定的力量，進而則能轉境。

靜定的工夫，是需要投入世間再加以磨勵。靜中取靜是基礎，動中能靜是工夫，動靜一如才是真修行。禪宗有〈十牛圖〉，描寫禪宗鍊心的修行歷程，到最終，則是修行者菩提心的展現，走進城市化度眾生。善財童子參學的歷程亦是如此，在高山深谷進修之後，即是重返人間歷事鍊心，如此反覆參修，最終才能將心地鍊就出充滿智慧與慈悲的力量。

動靜如何一如？關鍵在於「空」，這也是身處十字街頭而不迷亂的核心。明智居士修行的法門，是常行空觀，觀照法空門，了解萬法緣生緣滅的道理，於是一切明智自然現前，十字街頭種種千奇百怪的事件、行為或心念，就如空花水月，任自飄散，不用迴避，亦不沾染。

空裡來，空裡去

在明智居士所形成的一方淨土中，常有各種寶衣寶物、寶花寶果，從天而降，這是因為圍繞在居士身邊的群眾，只要有任何需求，明智居士皆能滿其所願。明智居士實現眾人願望的方法，不是從家裡搬來，也不是到處募集而來，而是從虛空中幻現出來。

明智居士了悟萬法本空、各種事物都是因緣所生，無盡的財法福報其實都蘊藏在無限寬廣的虛空之中，心地無限，財法福報亦無窮盡，因而明智居士證得「隨意出生福德藏解脫門」，只要眾生有願求，明智居士依之緣起，仰視虛空，心念一到，於剎那間，就能由虛空中隨意幻現各種財寶物資，滿足眾人心願。

當眾人心願已滿，明智居士即如應說法，使眾生了知緣起性空的道理，緣生則緣聚，緣盡則緣滅，大眾聞法之後，皆發阿耨多羅三藐三菩提心，生如來家，住正法趣，各得解脫，行菩薩道，救護一切眾生。因緣滅盡，師徒與道友之間，沒有情感的纏縛，無有彼此，任自而來，亦任自還歸本處。

熙來攘往的十字街頭，人潮依舊洶湧，只是在這一方空間，卻是蜂擁的靜寂，在人潮的移動中，上演的是灑脫自在的解脫大戲。

閱讀一〇一大樓

第二十六參鞞瑟胝羅居士

我得菩薩解脫，名：不般涅槃際。善男子！我不生心言：「如是如來已般涅槃，如是如來現般涅槃，如是如來當般涅槃。」我知十方一切世界諸佛如來，畢竟無有般涅槃者，唯除為欲調伏眾生而示現耳。

全世界最高的摩天大樓，矗立在臺北城，這座企圖以超高建築「將台北帶向全世界」的一〇一大樓，是臺灣人炫耀的話題。當臺灣人炫耀自己曾經擁有全世界最高的大樓之時，是否也擁有同等的文化高度，足以傲視全世界？

以佛塔的視角閱讀一〇一大樓

擁有摩天大樓的城市，似乎就擁有榮耀與驕傲；但以物質體積的巨大來衡量城市的價值，這種物化的視野，將把城中的人們帶向短視近利。事實上，往昔最高的建築往往是與宗教文化結合，教堂是西方以往最高的建築，東方則是佛塔、石柱等建物，這意味著昔日人們追求的最高指標，是宗教和文化精神；但現在的最高建築往往由財團主導，並成為資本家炫耀財富的象徵，於是現代都市人追求的至高標的，也就成了向錢看齊。

物化的視野，對一座高偉的建築而言，其實是種褻瀆。

參天高拔的一〇一大樓，其高聳入雲的氣勢，是具有一種向上拉伸的力感，彷彿能引領人參入天際，就像登上高山能開拓視野、胸懷浩蕩。而外形有如須彌山的一〇一大樓，若能以佛塔的角度閱讀，將使這棟商業物化的大樓，賦予神聖莊嚴的超拔意涵。

善財童子第二十六參參訪的善知識——鞞瑟胝羅居士，因見佛塔而悟道。佛塔，這具有神聖性的建物，若以物化的角度來看，不過是堆石塊的組合；但若以朝聖的心仰而敬之，則能讓人由凡心躍入證悟的境界。

佛塔的空間力量

西元前三世紀，佛教徒為了紀念釋迦牟尼佛而興建佛塔，將佛的舍利放在瓶中或壺中，再供入塔中。佛塔做為藏有佛真身舍利的建物，成為佛的一種象徵。這種象徵意義，讓了解涵義的人，得以深入而尊重；讓尊重的人，得到加持和淨化。

佛塔的象徵意義，以西藏佛塔在法意上闡述的最為深刻。西藏佛塔有塔座、塔瓶、塔剎等三部分：一、塔座正方形的部分為「地界」，塔基象徵人世間；金剛蔓至頂面，象徵趣向悟道之路。二、塔瓶圓形部分，象徵「水界」。三、塔剎三角形的部分，包括橫斗，甚至傘頂，象徵精進之「火」；剎頂半月形的月亮，象徵氣息或「風」；太陽為「空界」，象徵精神、靈氣。

西藏佛塔把佛教地、水、火、風、空「五界」集於一塔，體現佛教永無窮盡的生命輪轉觀念，和人生在世修行的階路、層級，以及生命復歸於「五界」的佛教思想，乃至於最終邁向生命在輪轉歷程中的最高階段——涅槃寂靜。

當我們面對佛塔的時候，如果能思惟佛塔的法意，並反觀自照：想想我們在輪迴中幾番痛苦的生死輪轉，這一世好不容易學了佛，定當趣向悟道之路，效法佛陀將地水火風四大組合的色身，轉化為清淨的法身舍利。如此反覆思惟觀修，無情的萬法也在為我們說法了。而善財參訪的第二十六參善知識就是善觀萬法，因而即使是見無情的佛塔，也彷彿是佛陀親臨在為他說法而悟道。

有座無佛的佛塔

鞞瑟胝羅居士的修行法門，是觀修一切世界的諸佛如來究竟都無入滅槃。凡夫執著實有，以為世間五蘊和合的佛的色身是有生有滅，有來有去，其實一切諸佛如來的體性是不生不滅，色身無常變化，法身實則無有來去。

鞞瑟胝羅居士念念觀修諸佛如來無生滅相，一天開啟佛塔塔門之時，見到的塔內空有栴檀座、卻無佛像。對我們一般人而言，我們僅會驚訝地想說：「啊！這座佛塔居然忘了供奉佛像！」但是對修行人而言，這卻是無情說法的關鍵時刻。韓瑟胝羅居士乍見沒有佛像的佛塔，彷佛是被師父敲了一記當頭棒喝，原來真正的佛，不是那五蘊和合、有來有去的色相，而是那無有形象、超越無常的法身，這與他向來觀修諸佛如來從未入滅的法門，有如乾柴遇上烈火，電光火石般的密契，剎那間，韓瑟胝羅居士對於佛的微細執著，瞬間也被戳破，當下證入三昧境界。

無相攝一切相

有座無佛像的佛塔，更深一層的涵義，是象徵不以相見如來即見真理，《金剛經》有云：「若以色見我，以音聲求我，是人行邪道，不能見如來。」真理是無形無相，若執著真理有相，則愈求愈遠，也因為真理無形無相，所以無所不在。

塔中不置任何形像，雖是無相之意，不過就華嚴精神而言，真空出妙有，因為無相，所以容攝一切。座上無佛，因而還呈現了「以無相攝一切相」的特殊意象，當韓瑟胝羅居士領悟了「以無相攝一切相」的法意而恭敬佛塔時，反能「普供無盡佛」。所以，當鞞瑟胝羅居士開啟塔門之時，佛塔以塔內無佛，破除了佛塔是供奉佛像的執著，使鞞瑟胝羅居士頓悟無相反能攝一切相，因而證入的三昧境界，不是空寂的境界，而是佛種無盡三昧。念念入此三昧大定時，念念得知一切無量殊勝之事，如：見到過去、現在、未來十方一切世界諸佛、菩薩、聲聞等眾，從初發心至成佛的境界。

無情也在說法

無情的萬法，其實無時無刻不在以它的方式說法，懂的人，就能參悟其中的道理，就像佛塔改變了鞞瑟胝羅居士的內在境界，讓他躍入華藏世界的無盡佛國淨土。

而亮眼傑出的一〇一大樓，是以每八層樓為一結構單元，宛若勁竹節節高昇、柔韌有餘，彼此接續、層層相疊，在外觀上形成有節奏的律動美感，在建築理念上，象徵生生不息的意涵，它，是否也能成為敲醒你我茅塞心靈的佛塔？

芳香療法

第十六參普眼長者

漸次而行，至藤根國，推問求覓彼城所在。雖歷艱難，不憚勞苦，但唯正念善知識教，願常親近承事供養，遍策諸根離眾放逸。

現代人日以繼夜、忙碌地工作，身體的疲憊加上心靈的缺乏滋潤，身心常會出現各種毛病，不是覺得這裡不對勁，就是感到那裡不舒服，於是精油按摩、三溫暖、水療等工作坊，就成了忙碌的都市人喜愛去的地方。在芳香的氣氛中，緊張和壓力得到了紓解，身體和心靈也得到了安撫和放鬆。

善財童子參訪的第十六參普眼長者，是位善用醫藥與香湯療癒病人的善知識，而且他提供的是讓身心靈永不再生病的徹底治療，因為他還授予永恆的解脫之道。

身心靈調御師

善財童子抵達普門城參訪普眼長者，城的四周有百千聚落圍繞，城牆莊嚴崇峻，城內大道寬平。可想而知，這是一座受到護衛、安樂富裕的大城市；普門城是一隱密安全的神聖空間，使進入的人備受護佑。療癒身心靈的空間，在硬體設備上，必然要予人溫暖、安全的感覺，這樣才能讓治療者全然地放鬆。

普眼長者是位什麼疑難雜症都能救治的大醫王，長者告訴善財童子：「十方眾生有誰生病了，來到我家，我皆治癒他們。」人生當中，病苦常會拖垮一個人的志氣，所謂「英雄最怕病來磨」，病苦的人容易萎靡不振，因而普眼長者在治癒身體的疾病之後，並施以香湯沐浴其身，運用芳香療法解穢流芳，又供給香華瓔珞、名貴上好的衣服，讓每一位病人不僅擁有健康的身體，而且有尊嚴、有自信地找回健康又莊嚴的自己。

茶足飯飽又有體面之後，普眼長者開始進行心靈輔導。如貪欲重的人，教導不淨觀；瞋恚重的人，教導慈悲觀；愚癡重的人，教導分別種種法相。依不同眾生的根器，普眼長者隨順開演各種殊勝法門，讓每位病人針對自己的問題，都能得到究竟的解決之道。

世間病症可歸納為二種：身病和心病，長者如大醫王，一切病人皆能救治與醫療，先除身病，後治心病，令眾生身、心病除，心境俱空，而後能入佛智，安住平等寂滅之樂。

普眼長者在城中，想必是最搶手的身心靈調御師！

點燃菩提心香

普眼長者之所以擁有療癒一切眾生病苦的能力，因為他調製出上妙好香之後，燃香供佛。香的輕柔舒卷、變化自在，普眼長者以心念幻化出各種美麗的香雲，或為宮殿雲，或為羅網雲，或為半月雲，或為幢幡雲……，美麗的香雲和香氣飄散至十方一切法界，普眼長者以虔敬心，供養諸佛眾會道場。在裊繞的煙雲中，一切諸佛也如雲霧般幻現，滿足普眼長者發願救護一切眾生的祈望。

香與藥有著密不可分的關係，眾所周知的大醫王藥王菩薩，無始劫來皆為良醫，《法華經》記載藥王菩薩的前生，曾經燃香供佛，而藥王菩薩不僅持各種上妙好香供佛，他還親自吞服各種珍貴名香，讓自己的身體成為最上妙香，然後以自焚身的方式，供養當時的日月淨明德佛。

以香供佛，供者能獲大福報，所以世人常為求福而供佛，不過最上、最究竟的供佛，是以心香上供。藥王菩薩以身供佛，身供只是表徵，表徵的是藥王菩薩供佛的真切心意。藥王菩薩因為聽聞日月淨明德佛講說《法華經》，因而證得現一切色身三昧，心大歡喜，遂持珍貴名香欲報佛恩，但是以珍貴名香供佛之後，藥王菩薩猶未滿足，深感只有全身奉獻，才能表其真切之心，所以當藥王菩薩燃身供佛時，諸佛同時讚言：「善哉！善哉！善男子是真精進，是真法供養如來，一切物資的供養都比不上，是布施中最尊、最上的第一布施。」因為藥王菩薩是透過燃身供佛，表達他求道並得道的法喜心香。

有相的香，表徵莊嚴；無相的心香，方為用香法門的極致。由有相的香，引燃無相的心香，才是燃香供佛的實意。普眼長者調製莊嚴妙香供佛，其所祈求的心願，是希望他具有救療一切病人的大能力，當他以有相的妙香供佛之時，事實上傳達的是他救護一切眾生心的菩提心香。

點燃菩提心香，才是學佛修行人燃香供佛、朝向永恆解脫之道的真義。

香光莊嚴自性佛

《大佛頂首楞嚴經》：「子若憶母，如母憶時，母子歷生，不相違遠。若眾生心，憶佛念佛，現前當來，必定見佛，去佛不遠，不假方便，自得心開。如染香人，身有香氣，此則名曰香光莊嚴。」眾生若能像幼兒般戀賴母親的心，來憶念諸佛如來，諸佛如來必然現前。而時時如此念佛，即是以佛香熏染自己，這是染佛的法身香，以佛的法身香來熏染自己的本心佛性，開啟智慧光明香氣，此則稱為「香光莊嚴」。

現代人常在身上塗抹各種香油、香水，欲以香氣來莊嚴自己，但外爍的香氣是短暫而無常的；不如以菩提心香來莊嚴自己，由內而外的透出芬芳，實為香光莊嚴自身。

聞香悟道

第二十一參鬻香長者

善財童子因善知識教，不顧身命，不著財寶，不樂人眾，不耽五欲，不戀眷屬，不重王位；唯願化度一切眾生，唯願嚴淨諸佛國土，唯願供養一切諸佛，唯願證知諸法實性。

善財童子第二十一參參訪鬻香長者，這位香品店老闆又稱青蓮華長者，亦指長者雖是商人，卻沒有商人的市儈之氣，而像蓮華般，在商界仍出淤泥而不染，以香度眾，讓眾生因香而悟道。

香氣喚起內在的記憶

香是一種氣味，氣味並不容易把捉，它很容易在空氣或風中飄散，是非常不具體的存在。可是因為它不具體，反而能無所不在；是「時間」的領域，也是「空間」的領域，可以飄散得非常非常地遠，包括空間的遙遠，以及時間長遠的記憶。

氣味是心理活動內非常底層的記憶，是一種非常奇特的喚醒，喚醒我們與曾經相遇的人事物的記憶。嗅覺的記憶並不需要具體的存在物，形象在不在，並不重要，因為嗅覺的記憶已將氣味化為深層自我的一部分，當同樣的氣味再次出現，遙遠的記憶會被喚醒，是直覺的、潛意識的喚醒。

宋朝一位無名比丘尼，在求道的過程，翻過一座又一座的山頭，尋尋覓覓始終無法參悟，當她放棄尋覓、不再外求，歸家時，望見門前梅花綻放，順手拈花聞香，這一嗅，竟嗅出「道」的滋味：

盡日尋春不見春，芒鞋踏破嶺頭雲；

歸來偶把梅花嗅，春在枝頭已十分。

不斷外求的比丘尼，不見自心太久了，當她歸家時，與曾經伴隨她經歷無數歲月的梅花重逢，那再熟悉不過的花的馨香，直截打入她求道旅人疲憊的心坎，剎那間，漠視的內在被熟悉的味道喚醒，在熟悉的味道中再次相遇，再次連接，內在的心香因而綻放。

香氣連接內在的心香

鬻香長者以香教化眾生，就是利用嗅覺的連接，開啟內在的心香。

每一種香都有它的誘發因子，或是誘發善心所，令眾生純淨而發心；或是誘發惡心所，令眾生貪愛煩惱。譬如沉香，具有安定作用，最利於靜坐修行；而女人的香水，則是引人遐思，起染著貪愛。種種的香，有種種的作用，鬻香長者不僅具備分辨每一種香作用的能力，而且他還了知天上、人間、非人的一切香，並悉知一切香的來源、作用、出處、細微的差別等。

譬如海中有「無能勝香」，若將此香塗在鼓上，戰爭時擊鼓，一切敵軍皆自退散。又如兜率天中有「先陀婆香」，於一生所繫菩薩前燒一丸，即能普雨一切供養物，供養一切諸佛菩薩。又如人間有「象藏香」，若燒一丸，於七日之中整個國家都會瀰漫香雲，香雲不論觸碰到何物，該物即成金色；若人嗅此香氣，七日七夜歡喜快樂，心志清淨，鬻香長者即於此時當機說法，眾生必定發阿耨多羅三藐三菩提心。

天上人間和非人的各種香，鬻香長者悉皆知曉、悉知一切用途，並能適時運用，讓國富民強、讓眾生廣修供養，乃至發無上菩提心。鬻香長者也善知各種調和的香法，使不同的香在混搭中，激盪出更豐富的效用。就如同「象藏香」是善惡二龍戰鬥相攻所生，而人的善惡心所也是時有交戰，當善念戰勝時，菩提心香自然產生。

以香入道

以香教化，最有名的當屬《維摩詰經》中所說的香積佛國，香積佛國所有的房子、街道、公園與王宮都是由香料所造，草木散發的香味，遠遠勝過十方一切佛土所有的香味。香積佛不用音聲言語教導佛法，而是用香味調教菩薩。菩薩從聞到樹散放的香氣瞬間，他們就進入「一切菩薩功德之源」的定境之中，而一切菩薩功德也在當下發生。

《楞嚴經》二十五圓通當中，香嚴童子是以聞香入道。如來教他要正確觀察世間一切有為的色相，當他辭別了佛，來到一間清淨之室，剛好比丘正在燒沉水香，沉水香的香氣襲入童子鼻中，他觀察這些香氣，非木、非空、非煙、非火，是因緣和合而成，所以去時無所遺留，來時也無所從來，當他領悟香氣是了不可得時，意念俱泯，無漏的心性頓時開啟。

無形狀、無色彩的香雲，幻化出多變卻不真實的美麗。當煙消雲散，能因不真實而透見真實，就是以香入道了！

「光如水月」的宮殿

第十參慈行童女

童女告善財言：「善男子！此是般若波羅蜜普莊嚴門，我於三十六恒河沙佛所求得此法。彼諸如來各以異門，令我入此般若波羅蜜普莊嚴門；一佛所演，餘不重說。」

善財童子第十參來到師子幢王的宮殿，才到宮殿大門，就見到無量大眾也匯集到此宮殿，善財童子便請問大眾：「你們來這兒，是想參訪何處？」大眾回道：「我們想要參見師子幢王的女兒——慈行童女，聽她開示說法。」

善財童子心想：「這座王宮既無門禁限制，我應該也可進入吧！」

身心皎若琉璃

這座宮殿非常地透亮，善財童子進入宮殿後，就見到百千光明照入殿內，空間的區隔是以金黃色的閻浮檀金為低矮的垣牆，除了金黃色的亮彩，也以矮牆的設計不阻擋內部的透光度。其他如：玻璃為地、琉璃為柱、金剛為壁、寶藏摩尼鏡周匝莊嚴、無數寶網羅覆其上……，皆以明亮剔透為莊嚴物，裝飾整座宮殿。

這座宮殿名為「毘盧遮那藏殿」，「毘盧遮那」是梵文音譯，若就中文譯義而言，意指「光明遍照」，意指這座宮殿是「光明遍照」的宮殿。

佛經中的一切事物都有表徵的法意，這座宮殿光亮透明，其實是慈行童女德行圓滿成就的表法。慈行童女已修行證入第十住，她已圓滿前九住的一切德行，因此王宮中有象徵心地晶瑩剔透的玻璃地、象徵智慧清淨而能防非止惡的金剛壁、象徵淨行住持萬德的琉璃柱……。

宮殿的透亮莊嚴，就其內在意義而言，皆為慈行童女心地清淨亮潔的映照。

如幻影現的成佛之道

善財童子進入大殿，見到慈行童女坐在龍勝栴檀足金線網天衣座上，演說妙法，五百童女為侍從。善財童子頂禮慈行童女，遶無數匝後，恭敬合掌，詢問慈行童女：「應如何修學菩薩道？」

慈行童女並未直接回答善財童子修學菩薩道的方法，只說：「善男子！你應觀察我莊嚴的宮殿。」

雖然慈行童女的年紀，亦如善財童子般大小，而且善財童子在進入宮殿的行進中，已經發現這座宮殿光明遍照，不同於其他王宮；但慈行童女仍要善財童子觀察宮殿，善財童子便心無旁鶩，認真地觀察這座宮殿。因為善財童子相信慈行童女是善知識，所以對她所說的教言，全部信受奉行。

善財童子仔細觀察這座宮殿後才發現，這座宮殿的每一道牆、每一根柱子、每一種莊嚴物上，都能見到法界一切如來的成佛過程，從初發心、修菩薩行、成滿大願、具足功德、成等正覺、轉妙法輪，乃至示現入於涅槃，一切如來成道經過，鉅細靡遺地顯現，就像是在清淨的水中，見到映現天空日月星辰等的一切景象。

此時，慈行童女告訴善財童子：「善男子！這是般若波羅蜜普莊嚴門。我於三十六恆河沙佛所求得此法，諸佛如來各以異門，令我入般若波羅蜜普莊嚴門。一佛所演，其他諸佛不再重說。我證得普門陀羅尼，其他百萬阿僧祇陀羅尼門，皆悉現前。」

慈行童女累生多劫以來，都向諸佛如來修學佛法，每尊佛都以他們各自專精的法門，教授當時的慈行童女，最後都令慈行童女證入般若波羅蜜普莊嚴門。因為般若空性是佛法證悟的共同理境，所以諸佛法門雖異，但終歸所證是一。真正的空性不是頑空，必能於空中幻現妙有，所以慈行童女證入般若空性，進而則能影現諸佛境界於其宮殿，成就各種普莊嚴門。

水月道場畢竟空

慈行童女貴為王女，但視富貴如浮雲，因了知萬法皆是如幻顯現，她只不過是在夢中幻做佛事，所以毘盧遮那藏殿即使再金碧輝煌、再價值連城，也沒有門禁限制，任何人都可以隨意進入，因為毘盧遮那藏殿就像座水月道場。

如鏡花水月般的毘盧遮那藏殿，只是暫現於世間，即使是最殊勝難得一見的佛境界，也是十方來，十方去，何況是宮中粗重的物質。當心地從執著中解脫出來，不再有任何一法能遮障自心，心性的本自光明也就能破雲而出，萬法的本來面目至此亦被照見。慈心童女不沾染的清淨心，與萬法清淨光明的本來面目朗然相照，光光相攝，毘盧遮那藏殿也就成為光明遍照的宮殿。

世間其實就是座巨大的水月道場，萬法都是如幻影現，如果執著為實有，想要占有任何一法，苦的只是自己，沒有人能擁有任何一法，唯有無我，才能逍遙於水月幻境，乃至照見萬法清淨光明的本來面目。

向左轉、向右轉

第十八參大光王

時，大光王即入此定。其城內外六種震動，諸寶地、寶牆、寶堂、寶殿、臺觀、樓閣、階砌、戶牖，如是一切咸出妙音，悉向於王曲躬敬禮。

善財童子第十八參是參訪妙光城中的大光王，但善財童子不是在王宮中見到大光王，而是在十字路口見到大光王。

慈心普施的無遮大會

善財童子見到大光王時，大光王正坐在十字路口中的如意摩尼寶蓮華藏廣大莊嚴師子座上，威光赫奕。在大光王的座前及十字街道的兩旁，放置了無量無邊各式珍奇寶物、衣服、飲食、湯藥一切資生之具，並有無數位善解人意的菩薩，將各種物資供給來自十方的眾生。

身為一國之君的大光王，不是高高在上地坐在王宮中，等著人來通報哪裡需要救助而發救助金，而是自己親身前往人潮洶湧的十字路口攝化眾生，並且廣開國家庫藏，供給需要的人一切資助，這種慈心普施的作風，正似印度戒日王所施行的無遮大會。

玄奘到印度時，當時統治五印度的是戒日王，統治三十年間，沒有戰爭，國家政教和平，厲行節儉。他生性慈憫，在五印度各處修建精舍，儲備飲食和醫藥，施給旅行的人和貧苦的人，普施天下而不疲倦，每五年就舉行一次無遮大會，把倉庫中所有的財物都布施給了眾生。

人生的十字路口

善知識在十字路口廣施物資給所需的眾生，除了解決眾生的生存需求之外，更重要的目的是指引眾生，面對人生道路上的十字路口。

在人生的十字路口，我們常會遇到向左轉、還是向右轉的抉擇，害怕抉擇錯誤，萬劫不復。但是，什麼是所謂的正確抉擇？是功成名就？還是家財萬貫？

托爾斯泰在《伊凡．伊列區之死》，描寫伊凡．伊列區花費一生的精力去爭取權勢、名利與地位，直到將死，在殘酷的痛苦中，他才發現，這些都只不過是「庸俗至極」的集合，對他的生命毫無意義，他很想從頭來過，但上天已經不再給他第二次機會！

人們往往是從繁華中辨認自己，或藉由別人的掌聲中肯定自己，但是在建立表面的成功之時，卻迷失了自己。所謂「贏得全世界而失去了自己」，人一生最大的錯誤，就是沒有警覺到，爭取權勢、名利與地位的過程，需要耗費大量的時間和心力；而尋找真正自我的過程，也是需要耗費大量的時間和心力。伊凡．伊列區終究是幸運的，絕大部分的人一生都和伊凡．伊列區一樣，花在追求表面上的榮耀，而伊凡．伊列區在臨死前，終究認清了自己、認清了生命、認清了死亡；但更多的人到死都還不明瞭，自己虛度了一生。

大慈契入物我交融之境

在追逐世間榮耀的過程中，人們為了奪取自己執著的事物，很可能會諸惡皆作，這時，就算邁向了自以為是的人生目標，但事實上，卻步入萬劫不復而不自知。大光王見到眾生因為無明、執著而定錯了目標，非常痛心，因而大光王在十字路口，除了以財、法、無畏三施，遍攝來自十方的一切眾生，並在循循善誘中，讓眾生發現自身就擁有最美好的價值，只要往內在追尋，甚過追逐一切世間的榮耀。

但要讓眾生發現自己內在的價值，並不是件容易的事，尤其是在人人都汲汲於追逐名利的城市中，彼此之間相互的競爭、比較、嫉妒之下，不要說人我的分別愈演愈烈，就連自我和內在都遠遠的分離了。

城市的空間擁擠而局促，但是人與人之間的關係卻是冷漠而疏離，雖然人人都渴望與他人親密，但是沒有放下分別對立的心，只是不斷向外追尋夢想中的心靈伴侶，即使他就在你身邊，也是咫尺天涯。大光王身處都市，深知眾生與他人分離而內心空寂的痛苦，因而入於菩薩大慈為順世三昧，只有同體的大悲心，才能消泯物我對立的分別，喚醒眾生本自圓滿、萬物一體的交融境界。

世尊為了度化優樓頻羅迦葉，也曾以無限的同體大悲心，展現不可思議的神力：

一次，世尊到優樓頻羅迦葉的草庵，問：「可不可以讓我在您的聖火堂借住一晚？」

優樓頻羅迦葉再三地說：「聖火堂有兇猛的毒蛇，會傷害你。」世尊也一再地說：「任何凶惡的毒蛇也不可能加害於我，請您准我借住一晚吧！」優樓頻羅迦葉只好答應了。

於是，世尊進入聖火堂開始打坐，一會兒後，住在那裡的惡龍，果然現出憤怒的模樣，要攻擊世尊。具足大慈悲心的世尊，興起無限的憐憫與愛心，入慈心三昧，熄滅了毒龍的憤怒，把毒龍轉變成無毒的小蛇。

翌晨，優樓頻羅迦葉心想那位沙門可能已被毒龍所害，卻意外發現，反而是惡龍被馴服了。世尊經過幾次慈心的神力變化，終於降服當時信奉拜火教的優樓頻羅迦葉。

無限的慈悲心，不僅能降服敵人，而且是證悟佛性的廣大契境。

大光王的慈悲大定，是令天地萬物、情與無情，都深深動容，當大光王入大慈為首的三昧大定，妙光城內外六種震動，所有寶地、宮殿都發出美妙的音聲，並向大光王曲躬敬禮。河海騰溢、泉涌歸王，蟲魚鳥獸、山原草木皆低首向大光王敬禮。夜叉羅剎咸起慈心，天龍八部無不頂敬，有情無情乃至毒惡眾生，皆生歡喜發起善根。

大光王以物心為心，沒有人我的分別中，有情無情都放下了「我」，相互交融，自在同入物我無二無別的化境。

只緣身在此城中

妙光城是座非常美麗的城市，善財童子到了這座城市，只見城市金碧輝煌、莊嚴燦爛，但妙光城之美，並不是人人都看得見，必須是心地清淨，或大光王修菩薩行時，曾被大王攝受的眾生。這類眾生見到此城，則為各種寶石莊嚴潔淨；若否，則見此城為穢土，或見此城面積狹小，土沙為地，並多瓦石，高下不平。

住在這美麗城市的居民，都是發了大乘願的菩薩，才有因緣相聚於此城；然而心地若仍有差別相，不能放下分別對立之心，雖然美其名是住在美麗的妙光城，實際上他所處的城市境相，卻是土砂瓦石、高下不平；這就像在人生的道路上，似乎擁有了表面的榮耀，實際的內心境界，卻是粗糙而貧瘠的。

一怒安天下

第十七參無厭足王

善財見已，作如是念：「我為利益一切眾生，求菩薩行，修菩薩道。今者，此王滅諸善法，作大罪業，逼惱眾生，乃至斷命，曾不顧懼未來惡道。云何於此而欲求法，發大悲心救護眾生？」

善財童子五十三參當中，參訪了兩位國君，一位是慈憫的仁君，一位是慘無人道的暴君。仁君與暴君，兩位截然不同的一國之君，都是名師指點要善財童子去參訪的善知識。

讓人民生活在水深火熱中的暴君，理應要下地獄的，為什麼反而成為善財童子求道歷程中，必須參訪的「善知識」？以凶殘形象展現的第十七參無厭足王，是善財童子五十三參當中，相當著名的一參。

地獄式的治國

善財童子見到無厭足王時，遙見大王坐在宮中雄偉而高大無比的寶座上，大王座前有十萬猛將，形貌醜陋而凶狠，瞪著大眼，一手叉腰，一手拿著利刃，眾生見了無不恐懼怖畏。

在這城中的百姓，只要犯了王法命令，偷盜、殺人、邪淫、邪見、瞋恨、貪嫉……，種種惡業，就會被恐怖的猛將五花大綁，帶到大王面前，依其所犯的罪行而懲罰。刑罰之苛重，令人瞠目：斷手足、截耳鼻、挖眼珠、斬頭、剝皮、解體、煮湯、火焚，或從高山推墮……，如此種種嚴刑峻法，讓受刑人哀聲嚎叫，苦不堪言，就像是在無量楚毒的地獄中受苦的景象。

善財見到這種情景，非常悲痛，心想：「我是為了利益一切眾生，不畏艱難困苦而求修菩薩道。今天這位大王不行善法，反而逼惱眾生，讓眾生受到這麼大的痛苦，甚至取眾生性命，完全不懂因果。造了這些罪業，難道他不畏懼將來自己墮入惡道嗎？這樣的人怎麼能向他求法？更不可能向他學習到如何發大悲心和救護眾生的方法了？」

當善財童子對無厭足王退失信心之時，空中立刻有天人說道：「善男子！你要憶念前一參善知識普眼長者，所告訴你的教誨和指示。」

善財童子一經提醒，馬上放下自己表面的理解和想法，立即參拜無厭足王。

暴君與仁君，皆是善知識

《華嚴經》藉由善財童子參訪暴君，打破世人以為的「善」，就是良善或美好的迷思，外表的美善卻可能是「金玉其外，敗絮其內」；而外顯的惡，也未必就是壞到骨子裡，反而可能是「刀子口，豆腐心」。所以「善知識」，並非世人以為的清淨美善的形象，反而以世俗認為的惡人形象展現。

西藏的守護神之一「大威德金剛」，是文殊菩薩專門降伏惡魔的猛惡護法形象，他的長相猙獰恐怖，牛首人身，看似惡魔，但卻是文殊菩薩為了保護善良百姓、降伏恣意廝殺百姓的地獄死神閻摩天，所幻現出來的忿怒形象。

根據西藏的歷史記載，傳說古代有一位具有神力的瑜伽修行者，於山洞中苦行近五十年，在他充滿喜悅，即將進入完美的涅槃之際，遇見一件改變命運的悲慘厄遇。兩位偷牛者闖進聖者的修行山洞，偷牛者殺了牛群，取下牛首時發現洞中另有他人，他們擔心行跡敗露，遂將聖者殺了，並砍下聖者的頭。苦行近五十年的聖者，一生的努力修行毀於一旦，忿怒復仇之心如猛浪火焰般燃燒著聖者的心。死神閻魔天感知，趁機利用聖者充滿怨恨之時附體，將牛頭按在聖者頸上，以牛首人身的形象現身，殺死偷牛的惡人，斷其手，飲其血，取其顱骨做成缽，這位恐怖的牛頭妖魔並瘋狂地在西藏肆虐殺戮，整個西藏籠罩在死亡的陰影之中。

這時，無助的藏人求助於智慧之神文殊菩薩，於是文殊菩薩於禪觀中前往地獄，尋找閻摩天。為了戰勝死亡之神，文殊菩薩由慈悲的形象，幻化比閻魔天更為猙獰恐怖的牛首人身相，來到閻魔天居住的宮殿，面容恐怖忿怒的文殊菩薩，其實內心充滿了無限的慈悲，他以智慧的戰術封鎖閻魔天宮殿的所有門窗，以更強大的威力和成就調伏閻魔天的瞋恨，使其虔誠地皈依佛法，並成為大威德金剛的護法神。

悲心幻化的忿怒相

當眾生不能以聞法來教化，心性還無法接受「法」的調伏的眾生，如果又不斷造惡，這時就必須以嚴厲的手段管教。就像不懂是非善惡的孩子，如果父母以愛心、耐心和智慧，不斷地勸慰開導之後，仍明知故犯，那就必須嚴懲，才能策勵警醒。佛經曾以劣馬來比喻，如果不重加鞭撻，必不馴良。

有句俗諺：「惡人還須惡人治。」惡人幾乎是欺善怕惡，善良溫和的人在惡人眼中，不過是懦弱膽小的無用之人，溫和的勸誡只讓他們更為鄙視與不屑，能降伏他們的，只有比他們更強之人。面對只崇拜拳頭、逞凶鬥狠的惡人，慈眉善目的菩薩也必須幻化為比惡人更為凶暴強悍的威猛金剛，先以威猛制服他們，再說之以理，才能令惡人心服口服。

梁朝《攝論》戒學中，說明菩薩可以進行「逆行殺」等事，行這類菩薩行，不僅不是造惡業，還會生無量福德，證得無上菩提。不過這必須是大菩薩才能做，原因有二：第一、必須知道眼前這人將造無間罪業，沒有別的方便法能令此人離惡，唯有斷命才能令他不作，所以取其性命。第二、或知將造無間罪業之人，捨命後必生善道，菩薩心想：「我行殺業，必墮地獄，為他受苦；他現在被殺，雖然受些苦痛，但必得樂果。」

所以能作違逆戒律之事的人，必須是具足神通的大菩薩，他能觀察造惡眾生的因果業報，慎思熟慮之後，才做違逆世俗諦之事。

除此之外，就是菩薩為調伏眾生而作的示現，如文殊菩薩示現降伏惡魔的猛惡形象——大威德金剛，以降服地獄死神閻魔天；並使地獄死神閻魔天，轉變成為降伏惡魔的西藏八大護法神之一。他們的外表雖然都是示現凶猛的忿怒像，但在現威猛忿怒像的同時，其內心不僅沒有一絲忿怒，反而是充滿無限悲憫與慈愛的，因為他們洞悉造惡眾生都是被無明束縛而再造業。

以幻化幻，教化眾生

善財童子參訪的無厭足王，看似殘暴的惡人，其實正是大菩薩的示現。無厭足王為了讓眾生斷惡修善，才示現暴君的形象，當無厭足王懲處惡人時，其身、語、意未曾對一位眾生有任何惱害之意，只有慈憫；而宮中受到重刑懲罰的造惡眾生，甚至也都是無厭足王化現的。

無厭足王是證得如幻解脫的大菩薩，《華嚴經．入法界品》云：「了生如幻，故以幻化幻。」無厭足王深知人生如幻，而他之所以化現為轉輪聖王的目的，就是為了讓眾生捨離造十惡業、住於十善道，乃究竟證入一切智地，所以無厭足王每天在王宮中，自導自演一齣造惡眾生受重罰的地獄慘劇；以幻化的慘劇，教化在幻中仍然迷執不休的眾生。

無厭足王以善知識的身分，現令人怖畏的忿怒形象，打破世人以為的善知識或菩薩，都是以慈眉善目的形式度眾。真正的慈悲，有時可能以忿怒像現身，所以當我們面對他人展現貪、瞋、癡等形象之時，應視對方為大善知識，就如聖嚴法師所言，視一切眾生，都是菩薩。不過對於自己，應肯認是凡夫眾生，沒有神通觀察因果業報，必須嚴守因果法則。

此參透過負面形象，凸顯菩薩以何種形象現身教化，是很活潑、靈活、自由的。

參

大夢中遊戲

夢中若不覺，枉做夢一場

第五參解脫長者

時，解脫長者以過去善根力、佛威神力、文殊師利童子憶念力故，即入菩薩三昧門，名：普攝一切佛剎無邊旋陀羅尼。入此三昧已，得清淨身。其身中，顯現十方各十佛剎微塵數佛。

善財童子參訪完第四參彌伽長者之後，歷經十二年，來到第五參解脫長者住的城鎮。十二年的時間，孩童足以長成大人，修道者足以精進為證悟者，而善財童子在這十二年當中，觀修了十二因緣，了知萬法都是因緣生滅，一切現象如夢幻般影現，即使是「我」，也是那麼地不真實。

莊周夢蝶

《莊子．逍遙遊》有則故事，莊周有天夢到自己幻化為蝴蝶，栩栩然，彷彿自己本來就是蝴蝶，翩然飛舞，逍遙自適。醒來之後，又變回莊周，莊周分不清：究竟是莊周夢為蝴蝶？還是蝴蝶夢為莊周？

莊子用「夢蝶」來象徵物我合一的境界，當人與物的界限消除，超越了物我分界，自然就分不清楚我是我、我是蝶，或者蝶是我、蝶是蝶，因為我與蝶，不過都是天地宇宙間一氣之所化，人超脫出自我，眼界不再局限於自我、不再局限於人類，就能物我兩忘，與天地大化融為一體。

「我」何時真實過？從小到大，「我」一直在改變，無論是外在的形貌或是內在的性格，找不到一個永恆不變的「我」之形象，我們以為有個我的那個「我」，也是在因緣組合中不斷地生住異滅、成住壞空，當我們看著年輕貌美時的照片，照片中的「我」是如此地青春可愛，多希望「我」能永遠停留在最美的那個時刻；但是世間的一切現象，包括「我」，都是在因緣變化中，我不再是昨日的我，沒有任何人、事、物能永恆不變，因緣和合的一切，不論是好、是壞，都是暫時存在，好景不常在，壞事也有雲破月來的一天，有生有滅，莊周可以是蝴蝶，蝴蝶也可以是莊周，因緣的變化是容許各種的可能，如果我們執著任何一個因緣，就會像十二因緣一樣，一環扣著一環，緊緊地鎖鏈在業道中，不得出離。

善財童子在這十二年當中，勘破了因緣法則，解開了十二緣起的環環相扣，超越了暫起幻有的世間相。

浮生若夢

世間的一切現象都是暫起幻有，當我們回顧過往的歲月，常有恍如隔世、似夢還真的迷離之感，就像莊周夢蝶，夢與真不可分，夢可當真，真亦可當夢，或許人生就是一場夢，甚至是夢中還有夢。

唐代傳奇《枕中記》敘述一位進京趕考而不得志的書生，在客棧遇到精通仙術的道士，書生自嘆自憐，道士便拿出一個瓷枕頭讓他枕上，對書生說：「你枕著這個枕頭睡，就可以獲得榮華富貴。」書生倚枕而臥，看見枕上有個孔漸漸變大，明亮有光，便投身進入，回到了家。幾個月後，娶了一位容貌秀麗的女子，隔年考中進士，從此平步青雲，最後榮陞為戶部尚書兼禦史大夫、中書令，他有五個孩子，也都高官厚祿，嫁娶高門，兒孫滿堂，享盡榮華富貴。年八十，生病久治不愈，斷氣時，書生一驚而醒，左右一看，一切如故，道士仍坐在旁邊，店主人蒸的黃粱飯還沒有熟，書生急切起來，說道：「難道我是在作夢？」道士對書生說：「人生所經歷的，不過如此！」

人生其實是一段又一段的因緣組合，坦然接受每一段因緣的生起與必然煙滅，在因緣生、住、異、滅的不同階段，或許我們會憂悲喜捨，但是只要提起覺照力，時時關注自己的心，任它是狂喜狂怒，只要當下覺知心的變化，照見心的本性，就不枉費做這一場人生大夢。

夢中修持

人生若夢，有人夢中渾噩，有人夢中覺醒，差別就在於自己的心。

勘破世間萬象都是緣生緣滅的善財童子，第五參參訪的解脫長者，是位在大夢中善用其心而做佛事的善知識。解脫長者告訴善財童子：「我知一切佛及以我心，悉皆如夢，知一切佛猶如影像，自心如水，知一切佛所有色相，及以自心悉皆如幻，知一切佛及以己心，悉皆如響，我如是知，如是憶念，所見諸佛，皆由自心。」

解脫長者證得「入出如來無礙莊嚴解脫門」，當長者深入菩薩三昧禪定時，其身上能幻現十方、各十佛剎微塵數佛，以及國土眾會道場種種光明諸莊嚴事，並展現諸佛的神通變化。十方佛剎等的一切莊嚴景象，如夢幻焰影般在長者身上呈現，似有而實無，幻化神變的空間猶如夢中境界，造夢者隨意創造各種夢境，解脫長者可說是最善做夢的魔術師，以清淨心起清淨夢，藉由夢而領悟夢，運用夢來莊嚴自己、覺悟自己，甚至如魔術般起神通變化，啟悟別人。

解脫長者不執著這些景象的來去幻現，如來不曾來到此處，長者也沒有到過任何淨土，是以心見心，沒有見到心外的佛。

這樣的心，就是佛！

回歸自己的身體

第六參海幢比丘

善財童子言：「聖者！此三昧境界究竟唯如是耶？」

海幢言：「善男子！入此三昧時，了知一切世界，無所障礙；往詣一切世界，無所障礙；超過一切世界，無所障礙……。」

善財童子第六參來到閻浮提畔的摩利聚落，參訪海幢比丘，比丘雖然身安不動，但從他身上十四處，卻出現了不可思議的神變景象。

與身體約會

身體與我們始終不離不棄，但常被視為「就是我」的身體，卻最常被我們忽視。我們的眼睛總是往外看，每天生活中放最多心思的地方，不是自己，而是外在的所緣，例如為了工作，我們最親密的身體，總在不假思索中，被我們當成超人般使喚，往往蹂躪了身體而不自知，直到身體病了，甚至到了無法挽回的重病，我們對身體的關心，才會醒覺。

我們讓自己的身體變得沒有覺性，視覺、聽覺、嗅覺、觸覺等本來天生所具有的細膩度消失了，粗糙的感受代替了身體覺性本有的靈敏。

但是善知識的身體是覺醒的，是高度敏銳且能展現無限妙用！《法華經》談到，我們的眼、耳、鼻、舌、身、意，若能清淨覺醒，具有百千功德。瑜伽哲學也認為，若能控制呼吸，以及進行瑜伽姿勢的身體訓練，可以啟動身體的能量，最終實現精神的圓滿。

凡夫雖然關心身體，卻不是為了身體的覺醒。人們對於身體，不是過於操勞，就是太過愛惜，花大錢保養身體，卻是滋養「大患」之身，《老子》說：

「吾之大患在吾有身，及吾無身，吾有何患焉？」當身體不是覺醒的，那就只是個煩惱橫流的肉身；唯有讓身體覺醒，身體才不是惱人的欲望之窟，而是無限精彩的宇宙舞台。

禪定，讓身體覺醒

善知識除了心是覺醒的，身體也是覺醒的。當身體覺醒，才能發揮身體正向的妙用。如何讓身體覺醒？善財童子參訪的善知識所用的方法是——禪定。

例如善財童子第五參參訪的解脫長者，當他進入三昧大定，他的身體就猶如淨琉璃般映現出莊嚴的佛國淨土；解脫長者讓自己的身體因禪定，成為一個美麗的國度。而善財童子的第六參，是參訪海幢比丘，莊嚴的佛國淨土不僅在他的身體展現，而且雜染穢惡的六道景象，也同時出現在他的身上；海幢比丘讓身體因禪定，成為一個淨穢皆具、染淨不二的世界。

禪定，讓我們向外的心，回歸到自己的身體，看見身體的呼吸，看見身體的脈動，甚至讓我們看見——整個宇宙。

身體，就是全世界

善財童子參訪海幢比丘時，見到比丘在人潮洶湧的路旁結跏趺坐，比丘不僅不受熙來攘往的人潮干擾，而且深入三昧大定，無出入息，身安不動，內心清淨喜樂。

解脫長者和海幢比丘都是深入三昧禪定的行者，只是一者在靜處安身觀心；一者在鬧處席地晏坐。在鬧中而身心猶能安住不動，更展現出動靜不二的禪定力，所以海幢比丘打開了身體無限豐富的層面，在他身上的十四個地方，出現十四種不同的景象：

（一）足出長者、居士、婆羅門眾；（二）兩膝出剎帝利、婆羅門；（三）腰出仙人；（四）兩脅出龍；（五）胸間卍字出阿修羅；（六）背出二乘；（七）肩出夜叉、羅剎王；（八）腹出緊那羅王；（九）面門出輪王；（十）兩目出日輪；（十一）眉間白毫出帝釋；（十二）額出梵天；（十三）頭出菩薩；（十四）頂出佛。

這十四處所出現的神變境界，都是不可思議的數量和廣大的境界，譬如從足下出現無數百千億眾寶莊嚴的長者、居士、婆羅門眾，以一切資生之具到十方世界救攝貧窮眾生。又如從頂上出現無數百千億如來身，威光赫奕，普照十方，出妙音聲，充滿法界，示現無量大神通力……。如是神通變化充滿法界，經過六個月又六天，海幢比丘才出三昧大定。

海幢比丘身上十四處出現眾生和佛等，個個作用不同，從下至上，漸漸增勝，這與瑜伽行者認為，人身上有七處脈輪，「愈高處的能量，層次愈高」的觀點不謀而合。第三參海雲比丘和第六參海幢比丘，都是在海岸邊禪修，他們都開發了身體廣大的能量，而海幢比丘更細緻地將身體不同的能量，具體呈現為宇宙不同層級的境界。是海幢比丘展現了世界圖像？還是世界原來就在你我之內？

原來，身體就是宇宙，宇宙就是身體。當我們完完全全地回歸到自己的身體，也就與全世界整合為一了。

菩薩，您的名字是勇者

第二十八參正趣菩薩

爾時，東方有一菩薩，名曰：正趣，從空中來，至娑婆世界輪圍山頂，以足按地；其娑婆世界六種震動，一切皆以眾寶莊嚴。正趣菩薩放身光明，映蔽一切日、月、星、電……。

善財童子的朝聖行，每一參都是善財童子千里迢迢到處尋找，但是第二十八位善知識，卻不是善財童子跋山涉水、千辛萬苦才覓得，而是在他參訪第二十七參觀自在菩薩時，第二十八參的善知識——正趣菩薩——突然從空中而來。

凡走過，必加持

正趣菩薩到娑婆世界，是經歷了不可說佛剎微塵數劫，方向是從東方過不可說世界微塵數佛剎而來的，在他來到娑婆世界之前，已經去過無以數計的國土。當他一觸碰娑婆世界，就以雙足按地，這是正趣菩薩以定慧的雙足，震去凡夫以妄惑所成的大地境界；娑婆世界清淨之後，再以眾寶莊嚴一切。之後，正趣菩薩身放光明，普照三惡道眾生，眾苦皆滅、煩惱不起、憂悲悉離。又隨眾生心念而現身，令見者歡喜。

正趣菩薩的目的地並不是娑婆世界，事實上，他並沒有目的地，他只是不斷地前進，經過有緣的世界國土，他就以神力加持該剎土，希望轉穢土為佛國淨土；遇到有緣的眾生，他就契理契機地隨類教化，希望眾生皆成清淨的菩薩。他沒有時間或空間的預設，只有滿滿的祝福之心，不斷地將他的功德福報，四處賜予有緣的世界和眾生，沒有任何條件，只願有緣的國土、眾生都能幸福快樂。

大鵬之心志

《莊子．逍遙遊》中，有一段描述大鵬鳥的故事，大鵬鳥等待六月的海動風起，當六月的大風揚起，大鵬鳥即能乘著風力高飛，一展翅，就直上九萬里的高空，廣闊的天際，是大鵬鳥嚮往之處。蟬與斑鳩不懂大鵬鳥的心志，認為飛到路邊的大樹上就好了，如果沒有氣力飛到大樹上，落到地面就是了，何必苦苦等待六月的海動風起，待風揚起，還得奮力高飛九萬里，兩翅拍打大海的力道，足以濺起高達三千里的水花，如此費心費力，小鳥們譏笑不已。

小小鳥只有小小的心志，甚或沒有心志，所求的是「日圖三餐，夜圖一眠」，只看眼前的利益，焉知大鵬鳥虛空般的廣大心志！眾生就像小小鳥，只為了衣食名利等世間法而忙碌爭奪，生活視域是如此地狹隘，對於自己所擁有的一切，不捨得分享他人，唯恐不緊緊守住抓牢，就將失去全部。

菩薩的心性廣大，猶如虛空，就像是在天際翱翔的大鵬鳥，海闊天空任我遨遊，他們的心境是無限高遠，他們的想法是超越時空，他們不在乎短暫的擁有或失去，萬法是隨因緣而生滅的，有緣自然現起，緣滅何嘗不是下一段因緣的開始！時空無限，因果不亡，世間萬法都是短暫、有限的，現在看似失去一切的布施，卻可能是出乎預料的無窮後福，所以菩薩勇敢地放下一切，將自己所有的功德福報都施予有緣的國土眾生，豪邁廣大的布施，從不擔心失去了將一無所有，無有恐懼，因為存在的目的，就是修行，不是為了小我而汲汲營營，所以菩薩的行動是勇猛而自在。

天涯我獨行，發心永不變

正趣菩薩在無邊際的蒼穹中奔走度眾，沒有時空的界線，勇於放下一切，也勇於承擔一切，眾生需要他，菩薩就迅捷地奔赴前往，勇往直前，永不退縮，不論過程、結果是快樂或痛苦、是順利或困難，是有伴或獨自一人，菩薩都是一本初衷，不退失初發心，奮力不懈倦。

眾生的發心往往在剛開始是橫溢熱情，以及滿腹抱負和理想，但在歷事的過程中，往往流於無明和執著，執著自己的理念而強迫他人聽從，不聽從則指責他人不對，或責怪他人不發心配合，或自己拚死拚活，別人卻坐享其成，抱怨這個、抱怨那個，結果充滿了憤怒、甚至仇恨，最後退失菩提心；如果事情圓滿成功，卻常常趾高氣昂，充滿了驕傲，到處誇張炫耀。

在《華嚴經．十地品》中，菩薩修行至第五「難勝地」中有段經文：「菩薩摩訶薩作是念：此諸眾生受如是苦，孤窮困迫，無救無依……，我今為彼一切眾生，修行福智助道之法，獨一發心，不求伴侶。」菩薩發心，縱使無依無伴、他人坐收成果，只要當為，「雖千萬人，吾往已！」一切責任，一肩扛下，若有發心的伴侶很好；若不具足，也不惱悔，依然貫徹初衷。

菩薩度眾，無時空界限，皆勇往直前，雖是獨自一人奮鬥，卻不孤獨寂寞，因為他以初發心的熱情為伴侶，永恆守著這份發心，永遠都散放著這份熱情，就像是以自己的影子為伴侶，雖是踽踽獨行，卻永不離散，永遠熱情洋溢。

現今許多弘法的法師大德，在人間展現了這般利益眾生的熱情心志，世界各地來去奔波，不辭千里弘法，只要有眾生願意學佛，即使天涯我獨行，他們也全力奔赴，不辭辛勞地做空中飛人，因為菩薩的名字是——勇者。

坐看雲起

第二十九參大天神

爾時，大天長舒四手，取四大海水自洗其面，持諸金華以散善財，而告之言：「善男子！一切菩薩，難可得見，難可得聞，希出世間，於眾生中最為第一，是諸人中芬陀利華，為眾生歸，為眾生救……。」

善財童子第二十九參至墮羅缽底城，此城有神，名大天神。善財至城，問大天神何在？人皆告言：「在此城內，現廣大身，為眾說法。」

此參善知識以神的姿態現身於人間，這是將天的精神予以神格化、人格化，落實為一具體的對象，讓眾人有一模範得以學習、效法。

「大」卻難以得見

善財童子在城中見到大天神時，大天神現廣大身，長舒四手，向四方取四大海水，自洗其面。四大手表示大天神擅以布施、愛語、利行、同事的四攝法，無礙地攝收無邊眾生；四大海水洗面，則表示其以豐沛無比的慈悲喜捨，潔淨身心。除了墮羅鉢底城裡的人，可以看見大天神取四大海水洗面之外，沒有善根、因緣的眾生，完全不知道天地之間發生了巨大的神蹟。按常理說，如此巨大的事件，應該是一切人都能知曉的；但是除了城中人們，沒有其他人看見。

最早的歐洲人剛抵達北美海岸時，北美原住民無法看見停靠在海岸邊的大船，因為在原住民的集體經驗中，從來沒有船艦的概念，所以他們無法看見大船。直到部落巫師瞇起眼睛，以不同方式觀看後，全新的世界才被認識、才在眼前展開。愚昧之人對於自己未知的領域，自以為是地認為絕對不存在，眼睛看不見、耳朵聽不到，自己的五官無法辨識，就自信滿滿地認為不可能存在。

宇宙如此浩瀚，微小的人類以管窺天，對於浩如煙海的未知領域，進行儼然正確的審判，這就如同《莊子．大宗師》書中所言：「夫藏舟於壑，藏山於澤，謂之固矣。然而夜半有力者負之而走，昧者不知也。」愚昧的眾生不知道大山在半夜已被大力士搬走，因為愚昧的眾生只有小知小見，識見小的人只能看見小的範圍領域，只知道自身所處的這塊領地，對廣大銀河系、甚至無以窮盡的時間和空間茫然不知。

不知，卻還自以為知地執著自己的所知所見，就如《金剛經》所言：「若樂小法者，著我見、人見、眾生見、壽者見，即於此經不能聽受、讀誦、為人解說。」執著小法的人，對於大法不僅無法領受，甚至像《老子》書中所說：「下士聞道，大笑之，不笑不足以為道。」大道的宏偉廓然，常讓執著小法的人認為是荒誕的神話，於是神蹟也成為乖違的笑話。

大天神告訴善財童子：「菩薩是難可值遇，只有身、語、意皆無過失的人，才能見到善知識的形象、聽聞其教法，於一切時刻常現在前。」這一參的善知識以廣大身的天神之姿出現，而也只有心量大如天者，才能與大天神相遇，才能看見天地間的神蹟，因為能參見善知識的人，他們不排斥、也不執著一切可能，以開放的心，接受一切，不驚、不喜、不厭、不取，不局限在固定模式的小格局中，隨時迎接一切未知的領域。

「天」道「神」妙不可測

大天神證得雲網解脫，他就像天空中自在的雲，玩著各種變化，或大或小、或空或有、或白或黑、或色彩斑爛、或隱匿不見，因為他以廣大的天空做為心靈畫布，所以他可以像天上的雲般縱情恣意地自在變化、神妙不可測。當我們心靈愈開廣，愈能隨緣地面對一切現起的因緣，也就愈能像天上的雲，卷舒自在、變幻無盡，也才能打開內在深廣不可測的自性。

大天神的自在變化，是與菩提道相應的。大天神於善財童子面前，示現金聚、離垢藏寶聚、寶瓔珞聚、一切五欲娛樂之具，皆如大山。大天神對善財童子說：

你可以任意取用這些實聚，對上供養如來，以修福德。對下布施一切，攝取眾生。我為你示現這些寶莊嚴物，教導你行布施波羅蜜；我對一切有緣的眾生也是如此，皆令他們以此善根熏習，於三寶所、善知識所，恭敬供養，增長善法，發於無上菩提之意。

如果有眾生貪著五欲，喜好放逸，我就為他們示現不清淨的境界；如果有眾生易怒瞋恨、憍傲自大、好鬪好爭，我則為他們示現極可怖的形象，如羅剎等飲血噉肉，讓他們看到以後，驚恐惶懼，心意調柔，捨離怨結……。

大天神幻現寶物，教導參訪者上供下施，對於不同煩惱的眾生，隨緣變化為不同的形象、示現不同的境界，令眾生轉煩惱為菩提，所謂「雷霆雨露，莫非天恩」，透過大天神的「神蹟」，啟發了人的佛性！

地靈人也傑

第三十參安住地神

時，安住地神告善財言：「善來童子！汝於此地曾種善根，我為汝現，汝欲見不？」爾時，善財禮地神足，遶無數匝，合掌而立，白言：「聖者！唯然！欲見。」

善財童子參訪完能取四大海水洗面的大天神後，第三十參到摩竭提國菩提場內，參拜安住地神。天神與地神這兩位善知識，不是教善財童子飛天遁地之術，而是讓他參悟天地間的奧祕。

地神，別為我哭泣

現代人在科學主義的影響之下，天地之間好似沒有什麼奧祕，一切都是自然的物理現象，這種物化的結果，容易陷入人與天地萬物不再有情，大地長養萬物成了本該如此，而人類運用大地資源也是理所當然的境地。人類不再感恩大地，像個寵壞的孩子般只知滿足自己，而恣意地予取予求。

大地若有神，看到本來物藏豐富的錦繡河山，被貪婪的人類蹂躪成滿目瘡痍的貧脊石地，大地之神也要哭泣。地神不只為大地而哭，更為貪欲熾盛的人類而哭。

地神，就象徵意義而言，是要喚起眾生對大地的尊重。當大地被賦予神性，大地不再只是被利用的客體之物，而是與人類同感交流的生命共同體，大地和人類一同呼吸、一同共生、一同赴死。當人類以大地有神而尊敬這片土地時，人類內在的神性也將被啟動，尊重、感恩等的內在善心，同時被開啟，懂得以敬神的態度尊重天地間的一切萬物，懂得珍惜天地之間一切得來不易的物資，懂得感恩天地賜予的一切。

大地，蘊藏了各種資源寶藏，承載萬物從不簡擇，不因萬物的好壞美醜而有差別待遇，一律平等地生而養之。一切萬物得地而生、依地而長，大地是一切萬物之所依。大地早已給予我們所需要的一切，只是人類過度貪婪開發，致使大地資源枯竭殆盡，當大地死亡的同時，人類也將看不到自己，因為人類將被自己的貪婪所淹沒，所有美麗的生命也將在天地之間消失。

大地之神，內心的菩提

說到大地，我們想到的是眼睛所見的外在世界；若說大地有神，也以為是遙不可及、高高在上的神祇。其實大地，就是我們內在的心地；地神，不在遠處，始終安住在我們心中，只待我們看見它。

善財童子從第三十一參開始，參訪十地菩薩，十地是菩薩圓熟的覺悟階段。但在參訪十地菩薩之前，大天神指示善財童子，先回菩提道場，參訪安住地神。

安住地神不在高山、不在曠野、不在沙漠、不在石澗，是在佛成道的菩提道場。也就是說，覺悟的菩提心，是與大地之神契印的密碼。當我們安住在自家心地，我們就能看見地神，看見含藏無盡寶藏的地神，開啟自身無盡的寶藏。

善財童子已是安住心地、即將成佛的大乘菩薩，數百萬位地神見到他，不禁讚言：「這位童子已生法王種，是為佛藏，是一切眾生的依靠，當開智慧大珍寶藏，摧破一切邪論異道。」百萬地神為了表示對心地清淨的善財童子尊敬之意，同時放大光明，大地震吼，天地之間出現不可思議的莊嚴神妙境界，大地潔淨映徹，萬象如光影般幻變，華果樹木開花成熟，花香果香處處盈溢。

安住地神以足按地，百千億阿僧祇寶藏從大地自然湧出，這些寶藏不是安住地神敬獻給善財童子的，而是善財童子自身所具有的。安住地神告訴善財童子：「這些寶藏一直跟隨著你，是你往昔累積的善根果報，由你的福力所攝受，你可以隨意自在的運用。」

善財童子修菩薩行所種的善根福德寶藏，皆隱藏在他的心地良田，心地良田若為煩惱雜草所覆，即使良田再肥美，也無從得知，只有時時勤拂拭，再經善知識的指點加持，自身所具有的功德寶藏頓然豁顯，不再覆蔽。

地神，大乘行者的守護者

安住地神能將大乘行者隱藏於心地的福德寶藏，外顯為物質寶藏，是他從燃燈佛以來，常恭敬守護所有的大乘行者，並觀察學習大乘行者的心行智慧境界，在不斷地修持中，證得不可壞智慧藏菩薩解脫，因而具有神力和因緣開啟大乘行者的功德法財。

據佛陀傳記載，世尊將成道時，天魔前來擾亂，世尊降伏了魔軍、魔女輪番地攻擊與誘惑，魔王問世尊：「你有什麼功德，有這麼大的本領？」世尊結觸地印，頓時，大地轟然迸裂，地神從地湧出，禮敬佛陀後向魔王說道：「世尊累劫以來行菩薩道，三千大千世界都是佛的捨身處所。」地神出面證明，世尊無量劫來積累了無以數計的福業勝德，魔王如雷貫耳，無顏退散。

安住地神不僅是大地的守護者，更是心地寶藏的守護者。心地寶藏，是大乘行者在行菩薩道時，歷事鍊心而開展的道種智，這種智慧寶藏不像世間寶藏會毀壞，它是如影隨形而成就的不可壞功德寶藏。

我們應該停下競逐的腳步，靜下心來好好看看自己心中的那畝良田，當我們學會對天空、大地、流水、岩石、一切山林川原的尊重和欣賞，即將開啟大地的寶藏。而大地的寶藏早已存在於你我的心中，只要我們用心耕耘，自會與守護心地的大地之神，欣然相會。

黑暗與光明之間

第三十一參婆珊婆演底夜神

我昔無邊劫，勤行廣大慈，普覆諸世間，佛子應修學。
寂靜大悲海，出生三世佛，能滅眾生苦，汝應入此門。

天色漸晚，善財童子渴仰欲見善知識，當善財童子將善知識當做是佛、如來一般思念之時，第三十一參婆珊婆演底夜神出現於虛空中。

黑暗，是最美的背景

暗無天日的夜晚，總是令人害怕，尤其一個人在暗夜中踽踽獨行，只要略有風吹草動，各種恐懼的念頭都會湧上心頭。然而就在這漆黑的夜晚，婆珊婆演底夜神出現了，她的出現，帶來無限的光明，只見天上的一切星宿，在她的身上炳然灼耀地閃爍光芒，暗夜中的她，顯得特別醒目而光輝燦爛。

當月黑風高、滿天星斗不再，我們如何看見光明？

當人生失意、灰心喪志之時，我們如何開朗如昔？

《華嚴經》從佛的高度，不斷不斷地傳達一個觀念，不論是清淨莊嚴的佛國淨土，或是雜染穢惡的極苦地獄，同樣都具有一個共同的本質——光明，即使在完全黑暗的痛苦深淵，都依然具有這永恆不滅的光明。只是，當我們深陷在悲苦泥沼中，我們往往被黑暗所籠罩，看不到一直與我們形影不離的光明覺性。

眾生恐懼黑暗，被黑暗擺布操弄；善知識則不然，不僅不被黑暗左右，而且利用黑暗。婆珊婆演底夜神讓月黑風高的夜晚不再恐怖，暗夜反而成為她出場時最美的背景。因為黑暗，星辰在夜神的身上，顯得她格外光彩奪目。善財童子也因為黑暗，而以光明如佛的心，召喚善知識；夜神即以無限閃耀的光明，回應善財童子。

黑暗自有它的價值，它的存在能讓光明更瑩亮燦爛，如果我們看不到黑暗存在的價值，我們將會被黑暗打敗，沉淪在黑暗的深淵之中。

燦爛星辰在黑暗之中

善財童子凝視著在虛空中的婆珊婆演底夜神，她端坐在寶樓閣香蓮華藏師子座上，全身金色，身服朱衣，眾寶瓔珞以為嚴飾，首戴梵冠，形貌端嚴。

婆珊婆演底夜神證得「菩薩破一切眾生癡暗法光明解脫」，從她身上一一毛孔中，出現化度無量無數惡道眾生的景象，於密雲重霧、惡風暴雨、不見日月光明之時，令遭遇惡難的眾生，免離險難之災。又見她身上一一毛孔中，示現種種教化方便，或為現身，或為說法，或為示現聲聞乘道，或為示現菩薩勇猛、菩薩三昧、菩薩自在、菩薩師子頻申、菩薩解脫遊戲，如是種種成熟眾生。

婆珊婆演底夜神身上的日月星辰，不只是閃亮的美麗星星而已，它們都賦有重大的使命，為陷溺在黑暗的眾生開啟光明。當我們仰望星空，或許覺得天上的星星好小、好遠，似乎是如此微不足道；然而，每一顆星星都具有同樣的啟明作用，只是眾生的因緣不同，只要有機緣，任何一顆閃耀的星星，不論多麼遙遠，都會為眾生啟明，不僅是破除外在的黑暗，也破除內心的黑暗。

中國自古就有觀天象而知吉凶的學問，中國人認為，這是天與人相感應的關係，所以聖人出世，必有祥瑞之兆；天下將禍，必有災異星象。天人感應的觀點，致使每個人出生時星宿的排列方式，成了影響他一生命運的時空背景。但是，究竟是日月星辰影響了我們？還是是我們本當有如此的命運，因而感召這樣的星辰排列？

西方聖人耶穌誕生之時，天空突然出現明亮閃耀的星星，三位博士跟隨著這顆明星，找到了耶穌。原來，聖人內心明亮如星，外在的世界就會有燦爛的明星交相輝映。進而，當我們能透過外在世界的明星，看見自己內在的明星，我們就可以開啟內心如星光閃耀般的自性光明。佛陀悟道的契機，就是夜睹明星。閃亮的明星，永遠掛在漆黑的夜空；只有進入內心最深沉的黑暗處，才得以看見內心最深廣的光明。

夜，啟悟光明覺性

婆珊婆演底夜神在黑暗中引導眾生看見光明，最初成就的因緣，是於過去生中的某天夜裡，蒙當時的夜神啟悟，因而發阿耨多羅三藐三菩提意。黑夜，正是啟悟光明覺性的契機。

黑暗與光明，看似對立的兩種概念，其實是有此必有彼，沒有深入黑暗之中，不能開顯如鑽石般的光明。

在深夜大夢中遊戲

第三十二參普德淨光夜神

如來非去，世趣永滅故；非來，體性無生故；非生，法身平等故；非滅，無有生相故；非實，住如幻法故；非妄，利益眾生故；非遷，超過生死故；非壞，性常不變故。

五十三參當中，從第三十一參到第四十參，參訪的是十地菩薩。十地菩薩是佛教修行上見道、悟道的大士，而在《華嚴經》中，十地菩薩都以神祇的身分——「夜神」現身，重在凸顯十地菩薩有別於在暗夜中沉睡的眾生，是在暗夜中覺醒、破暗啟明的善知識！善財童子第三十二參參訪的普德淨光夜神，也是悟道的大菩薩。

暗夜，最接近黎明

《深夜加油站遇見蘇格拉底》是本充滿禪意的書，此書描述一位年輕運動選手丹．米爾曼，最大的夢想就是代表國家爭取奧運體操金牌。一晚，他做了場惡夢，半夜嚇醒。之後，同樣的惡夢、同樣的深夜，接連不斷地發生。丹索性出門跑步，在加油站遇見了值班的蘇格拉底。

蘇格拉底問丹：「你快樂嗎？」

「快樂」，對學業、生活、愛情都得意的丹而言，從不曾是他的問題，他唯一的問題是，如何完成訓練，爭取奧運金牌？他認為，贏得金牌就贏得全世界最大的快樂，因為名利雙收，要什麼就可以擁有什麼。

正當丹事事順遂之時，他騎車摔斷了腿。出院時，醫生告訴丹：「你復原的情況很好，但是你不可能再從事任何體操運動。」醫生的宣判，宛如將丹推進了沒有光明的暗夜中，他的人生就此終結，因為他再也無法贏得奧運金牌。

當奧運金牌成為練習體操的唯一目的之時，丹對體操的最初熱情，已隱沒在功利價值觀中，金牌等於快樂；沒有金牌，人生就完了。

人本來可以單純而快樂地為自己的興趣而活，但總在功利價值觀的左右下，人的存在價值不再是存在的本身，人的存在變成是為了某種條件，當條件失去了，人生從此再也沒有存活的意義，活著只是一場惡夢。

眾生不論做著惡夢，亦或好夢，都在沉睡中，沒人喚醒，就永遠活在無常變幻的喜怒哀樂中，跟隨好夢或惡夢而悲喜起舞。主夜神則要讓深夜沉睡的心靈甦醒，不隨外緣或悲或喜，做自己的主人。

靜定，找回單純的快樂

在十地菩薩中，普德淨光夜神屬於二地菩薩，證得「菩薩寂靜禪定樂普遊步」解脫法門，他以禪定的力量，無論在何時何地，都能普見三世一切諸佛，以及清淨莊嚴的國土眾會道場。

禪定，是一種靜定的工夫，能讓心更細膩而穩定，清楚自己的每個心念，時時刻刻活在當下。

書中的蘇格拉底，為了讓丹走出黑暗的思惟，要他在報廢的汽車上參悟人生真理。丹不斷尋找各種答案，但都被蘇格拉底一一否決，直到丹放下一切思惟，猶如報廢的汽車般不再具有功利競爭性，寂靜中他清清楚楚地看見萬事萬物分分秒秒的剎那變化；他覺悟到，存在的意義就在當下，當下每一刻、每一秒的生命，都是如此活潑、充滿生機、精彩可期。當丹細膩體悟到生命每一瞬間的美妙變化，同時也喚醒他忘失已久、最初感動自己喜愛體操的單純快樂。

丹重新練習體操，不是為了金牌，而是享受肢體變化間的肌肉運作，細細品味每個體操動作的力與美，當他以靜定的心做每個體操動作，每個動作都比刻意造作時，更細緻完美；當他不再以金牌為目的，只因自己熱愛體操而不斷練習時，他綻放出不可思議的耀眼生命力，完全看不出雙腿曾經受過重傷，一舉奪下金牌。

夢幻遊戲，大用自在

普德淨光夜神具有止觀雙運的禪定工夫，能在如夢幻現的境界中幻化不斷，對幻現的各種勝境不取著，遊戲神通，展現出大用自在的成就變化。

人生就是如夢幻現的境界，但是眾生無明，執著夢幻的境界為真實的境界，因而總是企圖以欲望控制一切、爭取競爭；若能醒覺自己是在夢中，靜觀自己的每一個當下，以遊戲的心情全心投入自己熱愛的興趣之中，不為任何目的，無所取著，這樣的人生即使在暗夜中，也能圓滿而漂亮地演出。就像普德淨光夜神，以禪定的心在一切時空中遊步，安定而自在，充滿了夢幻遊戲的心情和意境。

第二十八參的正趣菩薩和第三十二參的普德淨光夜神，神通變化都表現在空間上的自在移動。而二位善知識的不同之處在於：菩薩是以大勇的精神猛力度眾，而夜神則以幻化遊戲的心境，展現救度眾生的大用自在。

白雲深處有藍天

第三十三參喜目觀察眾生夜神

時，善財童子遽發是念：「由親近善知識，能勇猛勤修一切智道；由親近善知識，能速疾出生諸大願海；由親近善知識，能為一切眾生，盡未來劫受無邊苦……。」

善財童子參訪完第三十二參普德淨光夜神之後，深得啟發而非常渴望再參訪下一位善知識——喜目觀察眾生夜神。當善財童子發出渴求見到喜目夜神的心念，喜目夜神感應道交，加持善財童子，令善財童子的發心更為深廣。

在喜目夜神的加持下，此時善財童子突然發起廣大菩提心：「希望因為親近善知識，讓我能勇猛勤修一切智道；希望因為親近善知識，讓我能為一切眾生，盡未來劫，勇於承受無邊痛苦；希望因為親近善知識，讓我未曾移動，卻能遍往十方國土……。」

善財童子發了廣大的心願之後，就抵達喜目觀察眾生夜神的處所，見到喜目夜神坐在蓮華藏師子座上，入大勢力普喜幢解脫，從夜神身上一一毛孔中，出現一朵又一朵、變化萬千的雲彩。

雲的幻化不定

從古至今，雲始終隨風飄移而聚散不定，每一個時代看到的雲，都是當下的、瞬間的。雲飄走之後，永遠不會再出現同一朵雲彩。

世事的無常變幻，就像雲的聚散不定，不論是好或壞的因緣，我們都抓不住；但是我們總是渴望控制，控制成我們想要的結果。結果呢？計畫往往趕不上變化，從過程到結果，往往如浮雲般，每一刻、每一秒都在變化。

在變化萬端的無常中，如果我們渴望控制，就會痛苦；如果不能柔軟地隨緣而變化，則會不知所措，甚至焦慮不安。善知識在無常的變化中，不僅不操縱控制，而且是愉悅地自在遊戲。世間的無常變化，在喜目觀察眾生夜神眼裡，是以無比歡喜的心面對，正因為萬法是無常的變遷，反而讓喜目夜神有了七十二變的度眾機會。

喜目夜神從其身上一一毛孔，以雲的姿態，幻化出無量變化身，隨眾生心念而現身，以妙音而為說法，法雲普覆一切眾生，皆令歡喜而得利益，度脫無量惡趣眾生，令無量眾生出生死海、住如來地、成熟果位，周遍十方，充滿法界。

雲的卷舒自在、幻化不定，如果一心執取，想要強留它的美好，不僅徒勞，更是自尋煩惱，不如從容閑靜地坐看雲起，甚至與雲遊戲，就像是喜目觀察眾生夜神，隨著雲朵的聚散不定而幻化自在，度眾無量。

雲淡風輕見藍天

雲的幻化自在屬於天空，因為天空總是敞開無限寬廣的空間，任雲自在揮灑，或許我們會眩惑於雲的變化萬端，其實雲朵更指向無法表現的無窮——藍天。

我們的心性就像藍天，永遠廣大包容地敞開並接受一切，但是我們常忽視它，只看見變化萬端的浮雲。浮雲不斷地以各種姿態吸引我們的注意，於是，我們迷失在漂浮不定的雲朵中。美麗的雲彩，讓人心喜萬分；陰霾的烏雲，讓人心情低落。事實上，烏雲或彩雲，都只是一片雲，透過這一片雲，雲的深處是藍天，是廣大無垠的藍天。

如浮雲般變化萬端的世事，不論是順或逆，都是無常的，終有雲開見日的時刻，但是凡夫在面對人世的無常，總是難過痛苦；而善知識面對人世的無常，或因此而發起深廣的慈悲心，如觀音菩薩以慈眼視眾生；或如喜目觀察眾生夜神，以遊戲的心情幻化各種角色，隨緣度眾。善知識不因無常的變化而陷溺，反而是藉由變化萬端的浮雲，直入藍天。善財童子參訪的十地菩薩，都是夜神，夜晚是最晦暗無明的時刻，但是登地菩薩在過去生中，都是在最深的暗夜，發起最燦爛光明的菩提心，照亮自己，也照亮眾人。

喜目觀察眾生夜神的成道因緣，是在過去生的某個暗夜，被當時的夜神喚醒，在漆黑的深夜，親見佛之大放光明，因而發起大願：「願我將來能如佛，具有廣大神通力，醒悟諸放逸之人。」喜目夜神過去生中為其他夜神覺悟的因緣，此世亦為夜神，以無雲晴空的心，覺悟無明密布的眾生。

執著少一點，妄念少一點，雲淡風輕，就能看見藍天！

人美，心亦美

第三十四參普救眾生妙德夜神

佛觀諸世間，顛倒常癡惑，輪迴生死苦，而起大悲心。
無數億千劫，修習菩提行，為欲度眾生，斯由大悲力。
頭目手足等，一切悉能捨，為求菩提故，如是無量劫。

善財童子第三十四參往詣普救眾生妙德夜神，夜神為了讓善財童子了知，菩薩調伏眾生的廣大神力，因而不以夜神的姿態現身，反而是以最端嚴的菩薩形象出現，並於兩眉間放大光明，光照世間，並入善財頂。善財周身充滿光明，頓時即得究竟清淨輪三昧。

善財在夜神的加持下，心眼清淨，照見世界不斷在成、住、壞、空變化著。

在這變幻的空間中，善知識的世界是花木扶疏、香氣盈溢、種種莊嚴；而六道眾生則是隨業受報，生生死死，輪轉不斷。普救眾生妙德夜神，於一切時、一切處，以方便力普現眾生前，常勤救護，種種怖畏悉令捨離。

善財童子見夜神相好莊嚴，又具有調伏眾生不可思議的神力，歡喜無量，頭面作禮，一心瞻仰。這時，夜神即捨菩薩莊嚴之相，還復本形。

美麗容顏，為你而現

人易以貌取人，相貌姣好的俊男美女，往往出師皆捷。人的習性如此，佛菩薩為順應眾生根基、度化眾生，因而也以相好莊嚴出現於世。

相傳魚籃觀音為了度化以漁業為生、殺業甚重的眾生，先化身為窮苦而醜陋的賣魚婆，但沒人理會。於是，觀音化身為清秀可人的賣魚女孩，結果眾人爭相娶她為妻，賣魚女說：「如果有人能一夜背得《普門品》，我就委身於他。」

黎明時分，能背誦者有二、三十人。賣魚女再以《金剛經》為條件。隔日，仍有十餘人。賣魚女又以《法華經》相約，三日後，唯馬氏之子能誦，賣魚女應允嫁入馬家。就在迎娶之日，賣魚女暴亡。數日後，有一老僧問賣魚女下落，馬家帶老僧至安葬處，老僧以錫杖開墳，只剩一副金色骨骸。老僧對眾人說：「這是觀音菩薩化身前來教化你們。」說完，以錫杖挑骨，飛身而去。

普救眾生妙德夜神在《華嚴經》是位證得十地階位的大菩薩，雖然神通廣大不可思議，然而為了完成普救眾生的心願，仍以眾生喜愛的美麗容顏現身。就像魚籃觀音，本以醜陋的外形出現，欲引發世人的同情和悲憫之心，再曉以佛法大義，無奈世人必須「先以欲鉤牽，後令入佛智。」魚籃觀音遂改以清秀佳人的形貌吸引眾生，終令眾生因好樂而修學佛法。

紅顏未必是禍水，但看其心如何？為救度眾生而現的美麗容顏，是人美、心亦美的菩薩。為蠱惑人心而妝點的豔麗容顏，是人美、但心混濁的眾生。

天地間最美的女子

佛教認為，相貌莊嚴是前世修來的福報，因為獻花供佛、或鐘鈴供佛、或布施衣物……。美麗，雖然是可貴的福報，但更可貴的是，能否善用這美麗的福報？美麗的福報，運用得巧妙，一生比一世，將更殊妙珍異。然若濫用或蹧蹋這美麗的福報，不必等到來世，今生或許就讓人為她噓唏悲嘆了。

過佛剎微塵數劫的圓滿清淨劫中，在第一佛成佛前，有一國土清淨莊嚴，飲食豐足，不須耕耘而生稻粱，晝夜受樂無時間斷。國土人民壽命無量，福報廣大，但有人自恃貌美，嘲笑毀辱他人，或憍慢陵蔑他人，說三道四，集不善業；以此惡業，壽命、色力、一切樂事，都受到減損。普賢菩薩深知眾生集善業難；但集惡業，卻迅速勇猛。當此之時，第一佛得證菩提，普賢菩薩為化度恃貌驕慢的眾生，化現無與倫比的莊嚴色身，放大光明，令一切光明黯然不現。相貌莊嚴卻行不善業的眾生，不禁嘆道：「是誰令我等莊嚴形貌隱蔽不顯？」

普賢菩薩至國王宮殿上的虛空中，說：「有佛在菩提樹下成道。」

普救眾生妙德夜神當時身為王女，形體端嚴，色相殊美。雖然貌若天仙，擁有不可思議的廣大福報，但她純淨善良。她與大王及其國眾生，俱往見佛，王女解身上諸莊嚴具，持以散佛。佛為王女開示，王女即成就十千三昧門，身心柔軟，復得歡喜心、安慰心、廣大心、順善知識心、緣甚深一切智心、住廣大方便海心、捨離一切執著心、無惱害心，無高倨心……。

普救眾生妙德夜神能自在化現美麗的容顏救度眾生，最初是普賢菩薩的引導，讓她心地清淨，柔軟無瑕。從此以往，多生累劫，多生於天王、人王種族中，乃至歌舞伎女，皆相貌端嚴可人，救度眾生無數。

天地間最美的女子，不只是花容月貌，而且還有著具足一切靈巧慈愛的善心。聰慧悲憫的女子，善用今生這美麗的福報，讓生生世世都福德無盡。

做菩薩，好歡喜

第三十五參寂靜音海夜神

常尊重父母，恭敬而供養；如是無休懈，入此解脫門。
老病貧窮人，諸根不具足；一切皆愍濟，令其得安隱。
水火及王賊，海中諸恐怖；我昔修諸行，為救彼眾生。

善財童子第三十五參參訪寂靜音海夜神，此參善知識過去生為三十四參善知識的母親。三十四參普救眾生妙德夜神自從發了無上菩提心後，累生累劫常以美麗的容顏救度眾生；而三十五參寂靜音海夜神發了無上菩提心後，累生累劫愈度眾生，愈是歡喜，因而證得「念念出生廣大喜莊嚴解脫光明海」。

五濁惡世誓先入

據說在許多劫前，千佛共聚一堂，他們發願將化身為千位王子，在賢劫中一一成佛，但是沒有一位願意在減劫中成佛，因為減劫的眾生染污極重，極難調伏。本來在五濁惡世，佛法是不會出現的，可是釋迦牟尼佛大悲心切，不忍眾生受苦，於是，他非常堅定、勇敢而慈悲地祈求，發願投生到眾生難化的時代示現成道。

賢劫千佛裡，唯一選擇在五濁惡世示現成道的，只有釋迦牟尼佛。

減劫眾生的根器不足、煩惱粗大，加上福報淺薄，身在濁世已是八苦交煎，何況還想成為濁世中的大乘菩薩行者，必定要有忍人所不能忍的大力、不忍眾生苦的大悲，以及不隨境轉的般若大智，才能堪受大任。所以釋迦牟尼佛在因地做菩薩時，為了救度惡世眾生而修了種種苦行：於歌利王割截身體；做兔王時，跳入火中供養修行者；或是捨身飼虎、割肉餵鷹等難能苦行；或是為了求法，在身上釘上千個釘子；或在身上挖了千洞，然後注油燃燈；或投入大火，為法捐軀……。

在五濁惡世做菩薩，必須要能承擔苦、面對苦、解決苦，甚至歡喜苦。種種身心靈的痛苦，對發心的大乘菩薩行者而言，在在都是一關又一關的考驗。發心容易，但要維持並完成初發心的宏願，是很困難的，尤其在污濁惡世，人世間的是非、爭鬥、算計、攻擊，大乘菩薩行者在面臨黑暗面的考驗時，是否還能不忘初心？不為濁世境界所轉？還是依然豪情壯志地發願：「我不入地獄，誰入地獄。」

初發心即成正覺

《華嚴經》的大乘菩薩，每一位都是發了菩提道心之後，不畏艱難、堅持正道、勇往直前。第三十五參的寂靜音海夜神更在發心之後，即使遭逢再大的困難折磨，也是始終保持大歡喜心，並令一切眾生對世間和出世間法，生大歡喜。

寂靜音海夜神為什麼始終都能保持大歡喜心？因為她從不忘失最初的純淨發心。

寂靜音海夜神最初發心的因緣，是在古世普光幢劫時，當時她為菩提樹神，守護道場，不退轉法界音佛在其樹下成等正覺，並示現無量無邊的神力，她見佛之種種不思議境而生大歡喜，發願亦要證得無上正等正覺。當她發起阿耨多羅三藐三菩提心時，即獲三昧。之後，寂靜音海夜神無論轉生何處，皆以大歡喜心、持無上莊嚴供養具供養一切如來、聽佛說法，生生世世不斷供佛培福，常隨佛學，累積福德資糧和正知正見。當寂靜音海夜神行菩薩道時，她念念生起欲令眾生歡喜樂法的心，以此歡喜善心而攝持眾生，證得廣大歡喜法光明海，內心怡暢，安穩適悅。

行菩薩道必然會有現實上的各種困難和障礙，但是真正的問題不是外在的魔考，而是我們自己的心。我們的心往往在追求理想的過程中，被現實扭曲得只剩下功利性目的，或被現實挫敗得累積了大量負面情緒，或是流於形式化的例行公事操作，理想不再具有理想性，只是為了好名聲或利益，於是計較得失、明爭暗鬥、嫉妒排他、造謠是非，人性的黑暗面代替了當初發心的純粹感動和單純熱情，初發心不復存在。

真正的菩薩「初發心即成正覺」，因為他們從初發心到完成理想的整個過程，清淨光明的初心始終如一，就像寂靜音海夜神每一個念頭都是最初的發心，她過去生以見佛成道大歡喜的因緣，發願上求佛道、下化眾生，在追求菩提道的過程中，她念念憶持這份歡喜心，行菩薩道的每時每刻，不論是順是逆，都是讓她邁向菩提大道的契機，都令她歡喜不已，怎會讓功利世俗的穢濁來染污大歡喜的菩提初心！

孟子說：「得天下英才而教之，一樂也。」就大乘菩薩行者而言，不論對象是否是英才，行菩薩道的當下，實踐初發心，就是大樂也。

不忍聖道衰

第三十六參守護一切城夜神

了達法性如虛空，普入三世皆無礙；念念攀緣一切境，心心永斷諸分別。
了達眾生無有性，而於眾生起大悲；深入如來解脫門，廣度群迷無量眾。

善財童子的第三十六參是參訪守護一切城夜神，善財童子見到夜神時，夜神坐在師子座上，無數夜神圍繞著他，夜神不離本座至十方現各種身形救度眾生。善財童子見已，歡喜雀躍，頂禮夜神，自述已已發無上菩提心，並詢問夜神：「當如何行菩薩道？修菩薩行？」

菩薩成道，前世因緣

守護一切城夜神告訴善財童子，他最初發無上菩提心，是因為普賢菩薩示現神變威力的緣故，當時普賢菩薩是國王，而他是王女。

普賢菩薩在法海雷音光明王佛時，為轉輪聖王，他於佛涅槃後出家，護持正法，法欲滅時，他見末劫學佛眾生業惑障重，執著深重又好鬥，喜好談論是非等一切世間之論，他很心痛，說道：「佛於無量大劫不斷地修持，才有佛法流傳於世，而今你們不知珍惜，將毀滅佛法啊！」於是他上昇虛空，身出無量諸色焰雲，放種種色大光明網，令無量眾生除煩惱熱，令無量眾生發菩提心。因為菩薩展現的神變力，使得如來教法於六萬五千年興盛不衰。

守護一切城夜神當時身為王女，見父出家，亦出家為比丘尼，聞父王所說的話語，以及見其展現神力，興發無上菩提心，永不退轉，當下證得一切佛燈三昧，又得「菩薩甚深自在妙音解脫」；得已，身心柔軟，即得現見法海雷音光明王如來一切神力。自此以後，只要有佛出興於世，守護一切城夜神於累生累劫皆尊重、親近、供養一切如來，並出家學道、護持法教，並入此「菩薩甚深自在妙音解脫」，教化成熟無量眾生，在一切眾生昏昧無明之時，他獨覺醒，並警覺眾生守護心城，捨三界城，住一切智無上法城。

眾生愈劣，願心愈強

古德分析，菩薩發菩提心的緣起有四：一、見佛神變威力；二、聞法微妙；三、見法欲滅；四、見眾生受惑業苦。守護一切城夜神於過去生中，因見普賢菩薩現大神力的因緣，興發祈求如佛一般的神通大力。而普賢菩薩於當時是見佛法欲滅、末法亂象而生起大菩提心。

智者大師的師父、天台宗二祖——慧思大師，也是遭逢末法亂象、種種迫害，因而懇切發願，不論經多少劫，救度一切苦難眾生，究竟成佛。

慧思大師十五歲出家，遍至各地向諸大禪師學大乘經典，三十四歲因修學有成，表現傑出，被惡性比丘在食物中下毒，舉身爛壞，五臟亦爛，垂死之間，決意若能苟活，從此隱居山林苦修。後來毒癒，慧思大師即入山苦修。

三十九歲，淮南郢州刺史遊山，與慧思大師談論佛法非常歡喜，請他出山講大乘經典，又遭當地法師嫉妒瞋怒，有五位惡論師在飲食中下毒，三人食噉，一日即死，慧思大師七日氣命垂盡，臨死之際，一心合掌向十方佛懺悔，念般若波羅蜜發願：「不得他心智，不應說法。」當他發願時，身所中毒，即得消除。四十歲起，每年講大乘經典，但不斷遭受同儕嫉妒迫害，他皆不予理會，只求弘揚佛法，自己一心修行。四十三歲，眾惡論師競來惱亂，不讓信徒供養食物，慧思大師只得請弟子托缽乞食。

慧思大師一生飽受同儕、甚至信眾排擠的種種障礙，但卻因此讓他生起更強的悲願深心，他體悟到眾生正是因為無明、無知，所以被五毒煩惱驅使而造惡業，又因福德資糧不夠，一生艱苦，因而發誓願：「我願為一切眾生，誓造金字《摩訶衍般若波羅蜜》一部，以淨琉璃七寶做函奉盛經卷，眾寶高座七寶帳蓋珠交露幔，華香瓔珞種種供具，供養般若波羅蜜。然後我當於十方六道普現無量色身，不計劫數至成菩提。於彌勒世尊出興於世，普為十方一切眾生講說《般若波羅蜜經》。」

對眾生而言，美好的境界比較容易興發好樂之心；對於濁世亂象，凡夫多半選擇同流合污，或是失望退卻、避而遠之。而菩薩見一切善惡之境，卻是發起正面積極的願心，即使面臨楚毒鞭撻，也是不屈不撓，乃至興發更廣大堅強的菩提願心，企圖力挽狂瀾。菩薩的菩提願心，是擁有強大慈悲心、智慧力、意志力，以及勇氣為後盾！

大悲心起

第三十七參開敷一切樹華夜神

非是貪恚癡，憍慢惑所覆，如是眾生等，能知佛妙法。
非是住慳嫉，諂誑諸濁意，煩惱業所覆，能知佛境界。
非著蘊界處，及計於有身，見倒想倒人，能知佛所覺。

善財童子第三十七參參訪開敷一切樹華夜神，這位夜神在眾寶香樹樓閣內妙寶所成的師子座上，百萬夜神圍繞著她。她也同時分身無量，密護一切眾生於暗夜中安樂，並令一切眾生不墮入黑暗無明的惑業中。

願願相續

人都喜歡快樂，不喜歡痛苦，這是天性。人們的快樂來源，通常來自順於自己心意的境界，但是順境是真正的快樂嗎？當我們不具正確的見解，我們認為的順境，其實是讓自我陷入更大的泥沼。

開敷一切樹華夜神證得「菩薩出生廣大喜光明解脫門」，她證知眾生所得的真正快樂，都是因為如來的威德力。她觀察到，世尊在行菩薩道時，見到眾生雖然想要得到快樂，但是因為我執，或許得到欲望上的些許滿足，但卻讓自己被貪愛所縛、憤怒所壞、愚癡所亂、慳嫉所纏，與真正的快樂背道而馳，甚至愈行愈遠。世尊不忍眾生求樂卻得苦，大悲心起，興發大願：

願一切眾生，具足所有資生之物，無所乏心；於一切眾事，離執著心；於一切境界，無貪染心；於一切所有，無慳吝心；於一切果報，無希望心；於一切榮好，無羨慕心；於一切因緣，無迷惑心。

——《華嚴經・入法界品》

因為大悲，所以有願；因為有願，所以修學一切波羅蜜行，成就如來智慧功德。所有即將成佛的菩薩，都有一個共同的特性，那就是——悲心深切，願力不斷，智慧廣大，實踐力強。

悲憫的淚

中國青海省的曲樣仁波切說了一則關於一位老喇嘛慈悲的美麗故事。在一次戰亂中，一名士兵正要用槍打死一位老喇嘛時，喇嘛對那個兵說：「你可以等一下嗎？」「早晚也是死，為什麼要等？」那士兵回說。

士兵的話還未說完，喇嘛已騰空而起，飛上數丈，霎時又墜落下來，落地時竟是盤腿而坐，原來他已經進入禪定，神識脫離而圓寂了。他的眼角還掛著一滴晶瑩的淚。喇嘛為什麼瞬間坐化呢？佛經記載，殺阿羅漢出佛身血者是要墮入無間地獄，這位喇嘛悲憫要弒他的小兵，避免他造下惡業，寧可提前結束自己的今生。那眼角的淚，正是清淨蓮瓣上最美的露珠，沒有什麼污泥可以染著它，反而更增添它的晶瑩和冰潔！

曲樣仁波切說，他第一次聽到這則故事時，心靈的角落被深深地觸動。後來每一次、每一次，他遇到可恨的人、要動氣的事物時，喇嘛縱身飛起的身影，以及那形影裡所蘊藏的無限悲憫，就立即浮現眼前，他所有的氣恨，頓時煙消雲散。

「你可以等一下嗎？」這語句裡飽含了無限慈悲，一點也沒有怨恨或氣惱，你輕輕重複一次，想到斯景斯情都要落淚的一種無比平靜的柔和語氣。這人間，還有什麼可以動氣的事？這人間，還有什麼可恨的人？

點亮心燈

善財童子問夜神：「世尊為菩薩時，發起悲護救度眾生的心是多久以前的事？」夜神回答：「此事難知、難信、難解、難說！是佛甚深境界，說之不可盡。」菩薩是生生又世世、不斷又不斷地為眾生興悲心、起大願。

夜神舉自己過去生為例：曾經有一世，世尊為轉輪聖王，她為該國一名長者的女兒。當時是五濁惡世，人壽短促，資財乏少，眾生專造惡業，互相忿諍毀辱、竊盜殺害、放縱淫佚，大王見眾生在受苦中卻不知修善、更造惡業，痛心疾首，悲不可抑，大悲心起，發願自己所擁有的一切，都施予一切眾生，包括頭目手足心腎肝肺，內外所有的一切，只要能滿眾生心願、能令眾生不再造惡、生起善念，他悉皆能捨、悉皆肯做。

當時為長者女的夜神，因為大王的悲心和願力，因而也興發大願，願生生世世都追隨大王，行菩薩道、做利益眾生之事。

五濁惡世是污濁的，但是菩薩卻因此而大悲心起，一生又一生、一世又一世的為剛強難化卻苦難的眾生，發大願、行難行，忍人所不能忍、行人所不能行！

千江映月

第三十八參大願精進力救護一切眾生夜神

我念善知識，能滿佛智道；誓願常依止，圓滿白淨法。
我以此等故，功德悉具足，普為諸眾生，說一切智道。
聖者為我師，與我無上法，無量無數劫，不能報其恩。

善財童子第三十八參參訪八地菩薩——大願精進力救護一切眾生夜神。八地菩薩就佛教修證而言，是證入不退轉的關鍵階位，摧破俱生我執，煩惱障斷盡，遠離生滅，安住於無生法理而不動心，觀一切法平等，無住涅槃，不住生死。

無我大悲

「俱生我執」因為是與生俱來，非常頑強，七地以前的菩薩，雖然修無相，但是有功用行，還要刻意修行，沒有充分的力量摧毀俱生我執。登上八地以後的菩薩，此時任運無功用行，觀空的智慧恆時無間斷起現行而修，其智也就轉為平等性智。

人的通病在於執著萬法是實有，把五蘊和合的一切法，皆當成真實，進而有人我的分別。若能將我與法二執斷除，放下執著心，平等心才能現前，人我的差別除盡，則一切法平等，自他平等，此時則與大慈悲心相應。菩薩的慈悲心，完全是建立在人我的平等上，眾生的苦就如同菩薩自己在受苦，眾生與菩薩是人我一體。

大願精進力救護一切眾生夜神在過去生中，就是因為不忍眾生受苦而大悲心起。

罪人亦佛

在古世，過世界海微塵數劫的善光劫中，有一名叫寶光的世界，接連有一萬佛出世，最初的一位，號稱法輪音虛空燈王如來，當時有一名為寶莊嚴的王都，國王名叫勝光王，當時人民多造五逆十惡，勝光王為調伏惡人，設立監獄，施以重刑，苦毒逼切。夜神為當時的太子，他遙聞獄囚楚毒音聲，心懷傷愍，見罪人或受火炙、或遭臏割，種種苦刑，不忍卒睹。他心生悲憫而對罪人說：「你們不要憂怖，我一定讓你們脫離痛苦！」於是他拜謁國王，說道：「獄中人無法承受如此大的痛苦，請施無畏、赦免他們吧！」

國王召集五百大臣共商此事，五百大臣認為，這些罪人罪應刑戮，為他們求情哀救的人，當連坐處死。

太子一聽，心更悲切，說道：「只要能放過這些罪人，你們要用什麼苦刑處治我，都沒有關係，即使粉身碎骨，只要這些罪人不再受苦，我都願意承受。如果我不能救這些罪人，我如何能夠救度三界牢獄受苦的眾生？」

五百大臣則言：「大王！太子的說法會毀壞王法，如果您不責治太子，您的王位將不保！」國王一聽，赫然大怒，下命誅殺太子和罪人。

王后知道了，痛哭流涕奔向宮殿，請求國王赦免太子死罪。國王對太子說：「不要救罪人吧！否則你將處死！」太子為了利益一切眾生，悲心堅固，無有退怯而再次請求國王：「請赦免罪人吧！我願意代受各種刑戮、乃至死刑。」王后見太子意志堅定，只能求國王給太子半月時間布施，修福後再治罪。

半個月後，行刑日到，國王、大臣與一切人民，皆到太子布施的會場。法輪音虛空燈王佛觀察教化眾生的因緣成熟，由無量天龍八部圍繞來至會場，佛身莊嚴放大光明，普雨一切莊嚴具，眾生見已煩惱消滅。如來圓說妙法，眾生隨類各得其解，太子於當時證得教化眾生令生善根解脫門。而太子所救的罪人，於他佛所亦發無上菩提道心，後為拘留孫等賢劫千佛與諸大菩薩。

千江有水千江月

夜神成就教化眾生令生善根解脫門，此解脫門是他初次發起大悲心而證得的，經過累劫不斷地修持，夜神證悟一切法自性平等，入於諸法真實之性，見萬法如幻顯現，知諸法青、黃、赤、白等色相差別，亦能了達色相不實而無有差別，因而普現無量色身，於同一時間分身無量，遍於十方微塵剎土，承事供養諸佛，饒益一切眾生。

八地菩薩心地清淨，遠離一切分別境界，得如幻三昧，於夢幻中大做佛事，隨眾生機緣而應化普照，教化眾生於生死中一切境界，無欣無厭、無愛無恚、無苦無樂、無安無怖，猶如當空明月，無圓缺長短、無染淨美醜、無廣狹多少等分別，只是一體一味，平等普照，普為眾生千江映月！

肆

望月幾回圓

俗情與道情

第四十參佛妃釋氏瞿波

菩薩為利諸群生，正念親承善知識，敬之如佛心無怠，此行於世帝網行。
勝解廣大如虛空，一切三世悉入中，國土眾生佛皆爾，此是普智光明行。

登地菩薩是證入聖位的大菩薩，在《華嚴經》善財童子參訪的登地菩薩都是女性的夜神，其中善財參訪的第十地菩薩是佛妃，顯見女性在《華嚴經》中的地位是相當高。

愛，讓人成就

佛妃釋氏瞿波已成就「觀察一切菩薩三昧海解脫門」，具有圓滿因陀羅網普智光明菩薩之行，能了知一切眾生生死果報、起心動念，也能了知佛從初發心到成佛現大神通的一切善念、善行，乃至於娑婆世界盡未來際所有劫海，經歷成、住、壞、空輾轉不斷地變化，佛妃皆能一一了知。

善財童子驚歎之餘，隨即恭敬詢問佛妃：「如何修行而能證得如此深廣不思議的境界？」佛妃告訴善財童子，她在無量劫前，就已發救護眾生的廣大菩提心，最初發心因緣，是因為愛戀修行人的緣故。

勝行劫時，有一轉輪聖王的太子名威德主，一日與隨從出遊，佛妃當時只是該國的一介民女，名為具足妙德，她見太子相貌端嚴，風采翩翩，不禁心生愛染，因而對母親說：「我願終生侍奉太子，若不如願，我將自盡。」母親知其階級種姓不允許，因而說道：「太子將繼承轉輪王位，我們地位卑賤，不可能締結良緣，妳不能有這念頭！」

當時勝日身如來在林中道場成道，妙德女曾於某日夢見如來摩頂；夢醒，空中天神告訴妙德女：「勝日身如來已經成等正覺，無量神眾為了見佛，雲奔道場。」妙德女因為夢見如來，聽聞佛的功德，因而心生穩定，無有怖畏地直接向太子告白：「我的相貌嚴麗，智慧絕倫，五毒煩惱微小，無量男眾見到我都心生貪染，但我只願利益眾生。今天見到太子具足三十二相，讓我心生歡喜，願終生侍奉您，請您哀納我！」

太子見妙德女莊嚴清淨，問道：「妳是誰家女兒？如果已婚，我不能起愛染心。妳的五毒煩惱真的很微小嗎？如果要無量劫不斷地修行，妳能不生厭倦心嗎？」

妙德女的母親答道：「太子！我的女兒是淨業所生。一日，我遊園時，池中忽生千葉寶蓮，蓮華開時放大清淨光，大眾正讚歎不已，小女即從蓮華誕生，口出蓮香，小女住處常有天音樂聲，一般人是不能匹配小女。她精通一切女子的工巧，而無女子的過失，是女人中最上，應侍奉太子。」

此時太子將進林中道場，對妙德女與其母說道：「我一心求佛道，盡未來際都將修學無量菩薩行，也將施捨一切內外所有，到那時，妳會障礙我嗎？捨財物時，心不吝惜；割肢體時，心不憂悶；捨妳出家，心不悔恨。如果我捨離一切所愛，而妳都能心不憂惱，我就成全妳的心意。」

妙德女答道：「太子若能眷納我，即使要我受地獄火焚身之苦，我也甘心受苦。我曾夢過勝日身如來在林中成道，他為我摩頂，夢醒，天神要我參拜如來，我說希望有機會能見到太子，天神告訴我今天可以滿願。我願與太子一同參拜供養如來。」

太子聽到勝日身如來名號，心大歡喜，以五百摩尼寶散妙德女，並為她戴上寶冠，披上寶衣。而妙德女心不動搖，亦無喜相，只是合掌恭敬，瞻仰太子，目不暫捨。

太子和妙德女以及眾眷屬，一同參詣勝日身如來，如來開示普眼燈門修多羅，妙德女證入甚深三昧，於阿耨多羅三藐三菩提永不退轉。太子偕妙德女一同回宮，稟報國王參詣如來之事，國王驚喜，問太子如何知道此事，太子答言：「是這位女子轉達的。」國王心想，如來難遇、佛法難聞，若能隨佛出家修道，當證妙法，於是便捨王位，由太子繼任轉輪聖王，妙德女為王妃。

妙德女因為愛染太子，願與太子一同參拜如來，因而生生世世皆為王妃，與國王承事供養諸佛，並護持國王直到成佛。當時的太子，即是後來成道的釋迦牟尼佛。

圓滿自他的愛

佛妃前世為妙德女時，對其他愛慕者無動於心，獨對太子一見鍾情，其實是因為太子反映了妙德女心中的渴望。

妙德女雖然是蓮華化生，清淨莊嚴，但是終究不及太子具足的三十二相，而太子圓滿莊嚴的內外德行，彌補了妙德女內在尚未圓滿之處，所以妙德女一見到太子，就被太子內外兼備的美好性德深深地吸引。妙德女見到太子，猶如見到一面清淨的鏡子，將她內心冀求的完美人格形象，如此具體地化現在她的眼前。

妙德女對太子的愛戀，雖然夾雜了我執的擁有欲望，然而菩薩為了利益眾生，常是「先以欲勾牽，後令入佛智」，所以太子為了讓妙德女向佛，因而說自己是一心上求佛道，並問妙德女：「當我離開，妳能放得下、看得開嗎？如果可以，我就成全妳。」太子滿足妙德女的願望，藉由互相提攜，發願以轉輪王與王妃的身分共行菩薩道，在世間而出污泥不染，以此淨化妙德女的愛，成為純粹的道情。

世間的愛，唯有將俗情昇華為道情，才能圓滿自他，成就雙方。

願力與業力

第四十一參佛母摩耶夫人

羅剎答言：「善男子！汝應普禮十方，求善知識；正念思惟一切境界，求善知識；勇猛自在遍遊十方，求善知識；觀身觀心如夢如影，求善知識。」爾時，善財受行其教，即時覩見大寶蓮華從地涌出……。

善財童子參訪完佛妃，一心想見佛母。善財童子這時的修行境界，等同十地菩薩，但他對善知識的渴求和深信心，卻更深更切，因為他深知，愈是精微處，愈需要善知識的引導。善財對善知識的深信心，因而獲證觀佛境界智，以此智慧而了知善知識是如幻顯現。但如幻顯現的善知識如何得見？善財童子動了此心念。

心念感召、眾神加持

善財童子的心念，佛母及眾神都感知到了，主城神於虛空中現身，手持香花供養善財童子並說：「你應守護心城，若能淨修心城，則能積集一切善法、蠲除一切諸障難。若發希求善知識心，不用功力，則便得見，乃至究竟，必當成佛。」身眾神也於虛空以妙音聲稱歎善財童子；摩耶夫人則從耳璫放無量色相光明網，普照無邊世界，令善財童子見十方國土一切諸佛，光明網右繞世間一匝後，入善財童子頂，遍入毛孔，善財童子即得淨光明眼。

善財童子雖得淨光明眼，但仍無法看見佛母。守護佛母法堂的羅剎鬼王與萬羅剎眷屬眾，於虛空中以眾妙華散善財童子，說道：「菩薩成就十法，如：心清淨、大悲平等、了知諸法性空等等，則能親近善知識。若能成就十種三昧門，則常見諸善知識。」善財童子仰視空中問道：「哪裡能見到善知識？」羅剎答言：「你應普禮十方求善知識、正念思惟一切境界求善知識，勇猛自在遍遊十方求善知識、觀身心如夢如影求善知識。」

善財童子依教奉行，即入三昧，見莊嚴無比的大蓮華從地湧出，大蓮華上有一嚴麗的樓觀，樓觀中有如意寶蓮華座，眾寶嚴飾，放大光明，遍照十方一切佛剎，天女妙音歌讚不思議微妙功德。摩耶夫人坐在寶座上，無量眷眾圍繞。摩耶夫人現淨色身，又隨眾生心樂，幻現天人世間身無與倫比的色身，饒益眾生，集一切智助道之法，現等閻浮提微塵數諸方便門。摩耶夫人所現幻身的數量，善財童子也現同樣數身，並於一切摩耶夫人前，恭敬禮拜，證無量無數諸三昧門。

向菩提道邁進的行者，只有心地淨化至與善知識相應的程度，才能看見善知識，因為行者這時的心地，堪能領受善知識的教法。

般若佛母的大智幻願

善財童子從三昧起，右繞摩耶夫人，合掌請問摩耶夫人如何學菩薩行而得成就？摩耶夫人告訴善財童子，她已成就菩薩大願智幻解脫門，常為菩薩最後身的母親。摩耶夫人之能成為菩薩最後身的母親，是因為過去生的願力。

在不可說劫前，有一菩薩將成正覺，但有惡魔與魔之無量眷屬眾至菩薩道場，欲障礙菩薩成道。當時該國的轉輪聖王已得菩薩神通自在，及時化作比魔眾更多倍的兵眾圍繞道場，魔眾惶怖奔散，菩薩因而證成如來佛果。當時的摩耶夫人是道場神，見到轉輪聖王護衛菩薩成正覺而生大歡喜，頂禮佛足，於佛前發願，願為轉輪聖王至成佛時的母親。發願後，又供養十那由他佛。當時的轉輪聖王即是毘盧遮那佛，他於十方剎處處受生：種諸善根、修菩薩行、教化一切眾生，乃至示現住最後身，常常做為摩耶夫人之子。而過去、現在十方世界即將成佛的菩薩，皆於臍中放大光明照摩耶夫人，以及其所住屋宅，其最後生皆為摩耶夫人之子。

摩耶夫人具大智，了知一切如幻，才能做為菩薩最後身的佛母。若無般若空慧，即使有願，因緣也無法成熟。

清淨與執著的母愛

在《百業經》有則佛陀的故事。一日，一位衣衫襤褸的村婦，見到佛陀就不顧一切地衝向世尊，一邊喊著：「兒啊！兒啊！我的兒啊！」一邊想抱住世尊。很多隨從比丘想上前阻擋，世尊卻說：「不要擋她，否則她會立刻吐血致死。」

等她平靜後，世尊為她說相應的法門，她即證得預流果。

佛陀述說，這位村婦在此世以前的五百世，皆為其母，故而見到世尊仍有前世的習氣；而此世村婦不能為世尊的母親，有兩個因緣：一是大幻化般若佛母有此願力；一是這位村婦為世尊母親時，當世尊布施，對世間生厭離心時，她造違緣。以此因緣，她今生窮困，沒有福德和智慧足以成為世尊的母親。

村婦對世尊的母愛，絕不下於摩耶夫人；然而村婦與摩耶夫人最大的差別是——村婦執著世尊，而摩耶夫人不執著某個對象，摩耶夫人只想成為護衛眾生成佛的母親。當人有對象性的愛護，就容易對這個對象起執著心，一旦有了執著，一切的作為都是有局限性的，誠如《金剛經》所論：若樂小法者，著我見、人見、眾生見、壽者見，不能荷擔如來阿耨多羅三藐三菩提。

村婦的心量只能容受自己的兒子，不能容受其他人；但是佛的心是普愛一切眾生，無有界限的，所以當世尊要成佛的最後身，村婦的心量不足以成為佛母。只有心性廣大如虛空的般若佛母，才能與菩薩的最後身相應，了知萬法如幻，空無實性，才能依大願，幻化一切清淨的緣起，成為諸菩薩最後身的佛母。

幻智．幻影．幻住

第四十二參至第五十參的九位善知識

我等證得菩薩解脫，名為幻住。得此解脫故，見一切世界皆幻住，因緣所生故；一切眾生皆幻住，業煩惱所起故；一切世間皆幻住，無明、有、愛等展轉緣生故……。

善財童子第四十二到第五十參共參訪九位善知識，經文皆以簡約的筆法呈現，這九位善知識，除了第四十三參和第四十四參具有特殊性外，其他七參的善知識只略說自己證得的法門，即請善財童子參訪下一位善知識，故本篇將這七參一併介紹。

七位善知識的菩薩心行

第四十二參，善財童子上至三十三天宮，參訪天主光女，天女證得無礙念清淨莊嚴菩薩解脫，以此解脫力，供養無數恆河沙數諸佛如來，並以此解脫力，天女明憶如來從初發心乃至法盡，一切所作，受持而順行，曾無懈廢。

第四十五參，參訪賢勝優婆夷，優婆夷證得無依處道場菩薩解脫，又得無盡三昧，入此三昧能出生一切智性六根無盡，乃至出生一切智性功德、神通無盡。

第四十六參，參訪堅固解脫長者，證得無著念清淨莊嚴解脫，得是解脫以來，於十方佛所勤求正法，無有休息。

第四十七參，參訪妙月長者，妙月長者的家宅常有光明，長者證得淨智光明菩薩解脫。

第四十八參，參訪無勝軍長者，長者證得無盡相菩薩解脫，以此解脫見無量佛，得無盡藏。

第四十九參，參訪最寂靜婆羅門，婆羅門證得誠願語菩薩解脫，因為言行皆無虛妄，所以隨意所作，莫不成滿。過去、現在、未來的菩薩也以住於誠願語，證得阿耨多羅三藐三菩提，永不退轉。

第五十參，參訪德生童子、有德童女，他們證得菩薩幻住解脫法門，了知諸法如幻，而廣納、廣修諸法；並勸善財「勿以少行而生知足」，才能無量。

等覺菩薩的金剛心

善財童子的參訪行具有修行階位上的次第，這七位善知識都是寄位等覺位的菩薩。等覺菩薩是斷惑的最後一個階位，十地滿心，因位的最上位。等覺菩薩幾乎是等同於佛，只差根本無明未斷，但這最後一分無明是極難斷除，因為它是眾生無始以來最微細又極深沉的一念妄動，所以經典是以「金剛」形容這一分無明的堅固難壞，只有以亦如金剛般銳利堅固的金剛喻定，方能斷盡這無始無明的金剛妄念，成就無上佛果的因位最後道心，所以等覺菩薩又稱為金剛心菩薩。

善財童子的五十三參中，參拜等覺菩薩有十二參，「等覺」這一階位，或說這一分無明，卻讓善財童子經歷十二參，雖然上述七參只是簡要概述，但是華嚴更以修行寄位彰顯了這一分無明的難斷。善財童子參訪的五十三位善知識，前四十參皆以十為單位，分別寄位為十住、十行、十迴向、十地，是一階位一善知識，四十階位四十參，井然有序。而等覺就修行來說，只有一階位，而這一階位在善財童子的參訪行中，卻不只一參，也不是十參，而是十二參，除了四十一參至五十參之外，並包含五十一參的彌勒和五十二參的文殊兩大菩薩，從善財童子參拜等覺菩薩的參數比例多於其他階位，可見金剛妄念的難斷，讓善財童子必須經歷十二參善知識的教導，才得以成就等覺菩薩的金剛心，證得最後的佛果。

金剛妄念的難斷，在於要斷卻無斷的工夫，這種斷而無斷的工夫，如同《大乘起信論》所言的「心無初相」。「初相」指的是根本無明，心無初相就是洞察無明只是幻影，領悟到每一個起心動念，乃至最初的金剛妄念，都沒有真實的存在，一切心念不過如幻化般的呈現又消失，散滅又出現，不為心境幻影所迷惑，最後連斷的工夫都放下，於真理如實相應，所以雖僅是一分無明，以其斷卻不能有斷的工夫，令善財童子經歷了十二參幻影般的金剛智照。

古德判攝等覺位十二參共分三部分，第一部分是四十一參至五十參，第二部分是五十一參彌勒菩薩，第三部分是五十二參文殊菩薩。就第一部分而言，首參參訪證得「智幻法門」的摩耶夫人，最後一參參訪證得「幻住法門」的德生童子、有德童女，始末皆幻，令善財童子以幻智了悟一切幻影體虛即實，空亦復空，而幻住於一切幻境，廣作無量幻事。

梵韻滿娑婆

第四十四參善知眾藝童子

善男子！我得菩薩解脫，名善知眾藝，我恒唱持此之字母。唱阿字時，入般若波羅蜜門，名以菩薩威力入無差別境界；唱多字時，入般若波羅蜜門，名無邊差別門……。

佛門有一套梵唄，也是梵唄音樂中的經典曲目，其旋律常令音樂人感動，那就是「四十二字門」。「四十二字門」主要出自《般若經》及《華嚴經》，《華嚴經》的「四十二字門」又稱為「華嚴字母」，是善財童子參訪的第四十四位善知識——善知眾藝童子，親傳善財童子。

無所得為真得

善財童子參訪善知眾藝童子之前，參訪了眾藝童子的老師——遍友，但這位老師未說任何一法，直接指示善財童子去參訪他的學生。遍友不說法，在善財童子的參學過程中，是絕無僅有的。不說法，有很多涵義，古德認為有四義：

一、師生法門相同；

二、此法已有傳人，且由弟子廣為流通；

三、一切法門體性無二；

四、法門的體性既無差別，所以不需執著任何一法，以不執著的心學法，無所得故，方為真得。

以無所得的心來學法，是非常重要的，尤其在參學善知眾藝童子之前，如果沒有無所得的般若智，是無法契應善知眾藝童子所傳授的——能入無量般若波羅蜜門的四十二字門。

以音聲入佛性大海

善知眾藝童子告訴善財童子，唱誦四十二字門的每一個字母，一一皆能證入不同境界的般若波羅蜜門，所以四十二字的法門是「以字為門」，由字母入，而能證悟諸法實相，所以是修學菩薩行的「字智法門」，而這四十二字門並能配合大乘菩薩修行的四十二階位：十住、十行、十迴向、十地、等覺、妙覺。

字母又譯作「陀羅尼」或稱「咒」，是一切字的根本。四十二字母各有不同的音聲和意義，就其意義而言，每個字母就是一實相門，每個實相門都彰顯三種般若：字母即文字般若；入般若波羅蜜門即觀照般若；悟不生等法理即實相般若，這三種般若是同時具足、不相捨離。實相的意義是無法宣說、無法揭示、無法掌握、無法理解、無法思惟，所以字母或說咒語的意義，自古以來就被列為「五不翻」之一，《首楞嚴經》說咒語本來是「諸佛密咒祕密之法，唯佛與佛自相解了，非是餘聖所能通達。」所以這些字母都被認為是直通佛性的「密語」。

既是密語，如何讓人悟入實相般若？四十二字母的關鍵特色在其音聲。眾藝童子唱誦四十二字母時，是以舌根去唱誦聲塵，不帶識性。我們常常忽略音聲的力量，其實音聲的力量是非常驚人的，音聲大海是可以流入實相的大海。

梵音字母是自然之音，是從佛性流露出來的音聲，當唱誦者能將音聲的世界擴展到天地宇宙間，讓音聲流轉於法界虛空中，與自然之音相冥合，法界音就出現了。當法界音出現，靜心反聞這天地之音，即能以清淨的音聲和聞性，入取三摩地，並依不同字母的音韻，悟入不同的般若波羅蜜門。

妙陀羅之密意幽玄

四十二字可以遍示所有的陀羅尼，也就是「總持」一切，所以四十二字門又有另一名稱是「大海陀羅尼」或「海印三昧陀羅尼門」。陀羅尼是一種極高智慧的結晶，是菩薩果位的教法，是以一字或少數幾個文字而能引發諸字；乃至以一法收攝諸法，而此一法又可以引發諸法。

「一持一切，一切攝一」是陀羅尼的修法，將一切之法收攝成一法一文一義，而觀此一法一文一義，又能擴充成一切之法，於是就能總持無量佛法而不散失。以此而能不忘失無量之佛法，是諸佛菩薩為教化他人而得出「陀羅尼」，所以眾藝童子最後說，以「四十二般若波羅蜜門」為首，一切章句都能隨轉無礙，於是又能深入無量無數的般若波羅蜜門。

華嚴四十二字母是有威力的祕法，唱誦一字一句都具有無盡功德，能證一切語言音聲無礙，等持諸法，解法性空，究竟授記。因此華嚴讚誦有言：「華嚴字母，眾藝親宣，善財童子得真傳，字字包含義理多，祕密義幽玄，功德無邊，唱誦利人天。」

畫閣朱樓盡相望

第五十一參彌勒菩薩

善男子！菩提心者，猶如種子，能生一切諸佛法故；菩提心者，猶如良田，能長眾生白淨法故；菩提心者，猶如大地，能持一切諸世間故；菩提心者，猶如淨水，能洗一切煩惱垢故……。

彌勒菩薩在兜率天中有間內院，不過善財童子的朝聖行中，第五十一參參訪彌勒菩薩，並未上昇至天上，而是在人間。

善知識，眾生解脫之鑰

第五十參的善知識德生童子和有德童女告訴善財童子，往南方到海岸國，海岸國中有間大莊嚴園，園中有幢盧舍那莊嚴幢樓閣，那裡是彌勒菩薩的故鄉。彌勒菩薩為了教化父母、兄弟、眷屬、人民，和同修行的眾生，也為了教化善財童子，常在樓閣。

彌勒菩薩盡此一生即可補入佛位，是一生補處的菩薩，但他為了教化眾生而常居人間的「海岸國」，是在生死苦海和佛智大海搭起解脫橋梁的善知識。

德生童子和有德童女深切地讚歎彌勒菩薩，並對善財童子說：「眾生的一切功德都是從善知識來，他能護持你，教導你，使你增長佛慧，安住在一切法門之中。善知識的功德要常常思惟，如能敬順尊信善知識，就能使你的心行清淨。」

善財童子追念朝聖行旅中五十位善知識的一一教誨，深感自己無量劫來，所作所為多是為了自身的欲樂打算，身心皆不清淨，不禁悲從中來，生起真切的懺悔。這一悔，當下增長了不可思議的善根；而這善根，讓善財由衷興起視善知識如佛般的尊敬。因為諸根的清淨，一切善知識的功德都顯現在善財身上，遍十方三世如虛空般無量無邊的境界。

菩提心，開啟堅韌的行願力

善財童子來到彌勒樓閣前，五體投地禮敬，用深刻的信解力、廣大的祈願力，思念彌勒菩薩：善知識是佛、是法、是僧、是父母、是福田。更進而思惟：善知識是從因緣生起，沒有實性，如夢影般的暫起幻有，如虛空般的無量無邊。一切無盡的功德，都是善知識的善巧方便。善財在正思惟和正觀中，身心更清淨、柔軟。

善財禮敬之後，繞塔十匝，合掌注目樓閣。樓閣是由各種珍寶所成，莊嚴得燦爛光明。善財一心想進樓閣，見彌勒菩薩，忽見彌勒菩薩從遠方別處回來，有無數天龍八部、無量眾生圍繞著他，善財見了非常歡喜，立刻五體投地向菩薩敬禮。

彌勒菩薩指著善財向大眾說：「這位青年求道者——善財，在頻陀伽羅城經由文殊菩薩的教導，展開了參訪善知識的旅程。即使歷經艱辛，他也從不退卻，永遠勇猛精進，因為他有救護一切眾生的菩提心，意志純潔而堅定。世間能發菩提心者，是很希有難得的！像善財發心之後，還能不厭不倦地親近善知識，實踐善知識的教誨，在生死中貫徹菩薩道，能如此修學的，這一生就能成就波羅蜜。善財！不久，你就要圓滿智慧而成佛了！」善財聽了彌勒菩薩的勉勵，不禁歡喜得流淚，仰望彌勒菩薩，一眼不眨地望著。

忽然，善財從文殊菩薩的心念力加持中，雙手盈滿了寶華瓔珞，善財連忙歡喜地把這些心華智寶，供養彌勒菩薩。彌勒菩薩極喜悅地伸出右手，撫摩善財的頭頂說：「你為了救護眾生而發起廣大的菩提心、勤求善知識，你問我如何學菩薩行？修菩薩道？你可以到樓閣中去參觀，一切答案都在其中。」

如幻影現的彌勒境界

彌勒菩薩彈指三下，樓門頓然開啟。樓閣與虛空一樣的廣大無量，在廣大樓閣中，又有無量微妙的宮殿樓閣，每一樓閣都廣博嚴麗，如同虛空，不相障礙，也無雜亂。善財見了，一切妄想分別都滅除了，心地像寂靜皎潔的秋月，悟入無礙解脫的妙諦。善財因彌勒菩薩的威力，現身在一一樓閣中，見一切難思議的境界：從彌勒菩薩發菩提心，到授記做佛，又見彌勒菩薩的隨類化導；又見諸佛種種的不同，善財也在一切佛會中……，一切不思議的境界，如夢中的夢境，如幻師的幻化。

這時，彌勒菩薩又彈指三下，善財從定中出來，彌勒菩薩對善財說：「這不思議莊嚴宮殿顯現了菩薩的功德、如來的本願，是依菩薩神力為緣所起的幻相。雖從菩薩的智慧神力中來，卻不住在智慧神力中，無所從來也無所去，一切境相是本然如此，不生不滅。」

不僅樓閣的一切境相是暫起幻有，樓閣之主的彌勒菩薩也是幻現的，是在悲智行願的緣起上，如幻而來。菩薩了知一切法如影如化，所以不厭離世間，也不染著；了知生死如夢、五蘊如幻，所以在幾番生死的長期修行中，無有厭怖心；了知一切法是無我的，所以凡事不為自己，慈悲教化一切眾生，無有厭倦。

彌勒菩薩在五十三參的等覺位中，古德之所以判攝為「攝德成因相」，正是因為彌勒菩薩位居一生補處，才能彰顯各種成佛的善因，收攝無遺，圓滿殊勝的萬行。

無為有處有還無

第五十二參文殊菩薩

善財童子依彌勒菩薩摩訶薩教，漸次而行，經由一百一十餘城已，到普門國蘇摩那城，住其門所，思惟文殊師利，隨順觀察，周旋求覓，希欲奉覲。是時，文殊師利遙伸右手，過一百一十由旬，按善財頂。

善財童子在彌勒菩薩的加持力下，進入了奇異夢幻的毘盧遮那莊嚴藏大樓閣之後，善財童子的心靈更廣大開放、更能接受各種難思議的幻化發生。彌勒菩薩見善財童子不再受限於任何既定的形式，無相的工夫更加穩定，時機成熟，便告訴善財童子：「你可以向文殊菩薩請益了！」

自信是佛始成佛

善財童子與文殊菩薩的因緣，在未踏上朝聖行前，就已結緣，事實上，善財童子的朝聖行是因為文殊菩薩而開啟的。善財本居福城，一日，文殊菩薩來到福城的大塔寺前，向無量眾生開講佛法，善財在那場大法會中茅塞頓開，菩提道心如泉源般湧現，決心要學佛修行，並立志學習普賢行。文殊菩薩深知善財的心性，指導善財：「入普賢行的不二法門，就是求見善知識，進行參學。」

善財參訪行旅至此，非常思念他的啟蒙老師，思惟最初因為老師的啟蒙，生起自己必能成佛的自信，以此甚深信心，開始了這場求道之旅，雖然歷經千辛萬苦，走過一百一十多座城市，但因不忘初衷的熱忱，始終勇猛向前，而老師文殊菩薩開啟和加持的這份堅信，是他堅持至今的核心動能，善財頓然領悟，原來這一路都與老師文殊菩薩未曾分離。

就在善財如此思惟之時，文殊菩薩遙伸右手，過一百一十由旬，摩善財的頭說：「善財！菩薩的因行，如來的果德，都是立足在信願上。若離了信願成佛的信根——發菩提心，就無法具備功德資糧，雖有勇猛的精進心，不能周遍了知空性，不能發起菩薩的行願，也不能為佛菩薩所護念。善財！信願成佛，是大乘道的根本，一切從此而生。」

信心在宗教上是很重要的要素，華嚴講的信是「初發心即成正覺」，是深信自己具足佛性必能成佛的自信，這種初發心的自信具有很強的能量，能貫徹始終成就佛果。而這強大的自信是佛的心，也就是明覺的心、般若覺智之心，所始善財童子的信根是由象徵般若的文殊菩薩開啟。當善財領悟，老師文殊菩薩從未曾離開過他，實則是言，般若空慧從未曾暫離我們的自性，當我們能自信般若佛性在己之內，不假外求，我們就看見了般若空慧這內在的老師。這深刻的見，做為一切諸佛的老師文殊菩薩，雖然身在百由旬之外，為了印可善財的了悟，穿越時空也要為他摩頂。

五十三參在菩薩階位中，古德判攝文殊菩薩屬於等覺位的「智照無二相」，彰顯圓滿的智慧沒有前後、明昧等的不同。般若佛性亙古如一，只因我們不斷尋求外顯的文殊，因而內在的文殊始終不現；若能迴光返照，我們就會看見，原來最初純淨的一念明覺之心，就是般若、就是佛智。所以，當朗悟在懷，我們就能了知本始無二，信智無別。

無住生心

善財與文殊菩薩的首次相遇，日本華嚴學者認為是善財童子五十三參的首參，至於再見文殊菩薩，則不列入五十三參。而漢傳華嚴宗及佛教界則將善財童子初見文殊菩薩當作啟蒙教育，善財決定踏上朝聖之旅後，文殊菩薩指示善財參訪的第一位善知識——德雲比丘，才是五十三參的首參，再見文殊菩薩則是第五十二參。

文殊菩薩在善財童子的參訪行中，無論是首參或是第五十二參，都扮演著關鍵性的指導角色。一位有心學佛的青年，如何讓他發起廣大菩提心，除了智慧、辯才皆一流的文殊菩薩，非他人能堪任。

善財初見文殊菩薩，文殊菩薩啟動了善財的內在慧命，從懵懂無知到菩提心芽展露；而再見文殊菩薩，善財已參學多年，見識過各種希有難得的大法，此時出現的善知識，如果不能秀出比之前善知識更高明的工夫，如何讓善財這位老參信服？

五十二參之前的每位善知識，都以其獨門絕活讓善財童子大開眼界，善知識展現的妙有境界，到彌勒菩薩可說是達到巔峰。巔峰之後，什麼法門可以超越巔峰？是否會成為永無止盡的高峰追求？在這高峰時刻，彌勒指示善財，他要參訪文殊菩薩。

文殊菩薩的厲害，不在於他的法門境界多麼恢弘壯麗，反而是因全面性地摧破斬斥，成就了一切。所謂的巔峰，也在蕩相遣執的無所得中，成就了真正的得。

善財初見文殊菩薩，是從無到有；再見文殊菩薩，則是從有還歸於無。這「無」的工夫，是文殊菩薩最犀利的地方。心本空無，如果欲以「有」來填補空虛的心，那就像是將萬法丟入無底洞般，永遠都沒有填滿的一天；只有以「無」安住於無，心的本然空靈，才能適得其所，如實展現，還歸生命的本真。

善財繞了一圈，似乎又回到原點，但這原點，與最初的無，已經有了三百六十度的大轉變，此時被掃蕩一切遮障的空無，是廣大無盡能出生一切的「無」，是一切活水源頭的「無」，不是斷滅一切善法的「無」。

所以彌勒菩薩介紹文殊菩薩時說：「文殊菩薩的大行大願，廣大得不可思議！不是其他無量百千億那由他菩薩所能具有的。他的行願廣大無邊，因而能出生一切菩薩功德。善財！你過去參訪的一切善知識，都是文殊菩薩威神力所加持展現的，文殊菩薩是無量諸佛的母親，無量菩薩的老師。」

文殊菩薩以其般若空慧，蕩滌一切迷執，無有邊際，故能心行廣大，生出一切，故為諸佛之母。

一身復現剎塵身

第五十三參普賢菩薩

善財普攝諸根，一心求見普賢菩薩，起大精進，心無退轉。即以普眼觀察十方一切諸佛、諸菩薩眾所見境界，皆作得見普賢之想；以智慧眼觀普賢道，其心廣大猶如虛空，大悲堅固猶如金剛……。

善財童子的參學之旅，每位善知識都有他們各自專精的獨門絕活，善財童子對於每位善知識的獨門工夫，都是徹頭徹尾地修學到家。在他盡學一切工夫，到達巍巍高峰之時，卻被文殊菩薩掃盡一切。文殊菩薩這毀滅性的手段，卻引領善財童子進入最為不可思議的聖境——普門境界。

心有多空，境就有多廣

人們總是在擁有時，感受到生命的美好；失去時，生命變成荒蕪的痛苦。生命的喜悅是什麼？是擁有嗎？

我執，讓每個人從出生開始，就想擁有，直到死亡的那一天，仍想擁有最後一口氣，而恐懼「我」的消失。根深柢固的我執，讓我們害怕失去，面對生命中的每一次失去，眾生只有痛苦和負面情緒的累積，失去的意義被隱蔽了，「我」讓自己局限在生死流轉的輪迴中。

智者在面對生命中的失去，卻是照見世間的真諦——無常故空，了知世間法就是這般幻起幻滅，於是一次又一次地失去，反而是一次又一次地淬鍊，不斷又不斷地放下對自我的執著。失去，是讓生命的面向更寬廣。

但是，一般人如果不能轉念，就會走向自我毀滅。所以，這種讓人一無所有的霹靂手段，只能針對根器足以承擔的學生開鍘。善財童子參學，也是先學盡一切法門，具足完備的工夫；該捨時，老師自然會出現，使出殺手鐧，蕩滌心性上的最後一片雲彩。

善財童子在文殊菩薩的斬破下，不著一處，心如虛空，以其能空，故而進入普門國。普門國是普賢行者的樂土，此中一切皆是橫遍十方，豎窮三世，深徹虛空。這處處遍時空的普門國，讓善財童子頓然領悟，世間無處非普門國，只因人的我執，執著於一方一所，所以一處只能是一處，不再是一即一切、一切即一的遍時空、虛空界。

善財童子了解，要與一即一切境界的普賢菩薩相會，自己也必須具備一即一切的廣大心量。於是善財童子普緣一切廣大境界，普淨一切剎，普滿一切願，普供一切佛，普事一切善知識，普修一切菩薩行，普化一切眾生，乃至一切時劫、一切處所都願意普入。當善財童子以無限無礙的平等心普觀一切境界，一切境界就在一處，一處即含一切境界，此刻當下就是聖域聖境，不用再向外參訪朝聖！

專一求見善知識

善財童子因自己的善根力，一切如來的加被力，以及普賢菩薩的同善根力，忽見淨土的種種瑞相，並見各處充滿如來、佛土、佛法、菩薩大行的無限光明，普照一切法界。善財童子見了瑞相與光明，知道自己即刻必見普賢菩薩，於是專一地求見普賢菩薩，一切境界都觀想為普賢境界，並發願盡未來際常隨普賢菩薩，修普賢行、住普賢地。

善財童子已是修行到等覺階位的菩薩，但是他依然恭敬渴仰善知識，可見修學道上善知識的重要。他一心求見普賢菩薩，頓然見到普賢菩薩在如來前眾會之中，坐在蓮華寶座上。普賢菩薩在眾菩薩的圍繞中，最為殊特，智慧境界無量無邊，一一毛孔綻放無量光明，一切光明照遍法界，滅除眾生的苦患。一一毛孔恆出微妙莊嚴的香、華、衣、寶，以及無數讚歎菩提心的天人。普賢菩薩一一毛孔現出十方三世的一切世界，器世間的形形色色，都明白不亂。不但此處，十方一切佛剎的微塵中，同時顯現普賢菩薩的大用自在。

善財童子用心觀照一切境相，證得與普賢菩薩同等的智慧。剎那間，普賢菩薩伸出右手，摩善財童子的頂。這一摩，善財童子又得了更深廣的三昧，而十方一切佛剎中，同時出現普賢摩頂與善財證三昧的境界。

普賢菩薩在不可數量的時劫中，為求大菩提，堅定不變地修習一切智的助道法，不惜犧牲自己一切的一切，只為救護一切眾生。普賢菩薩的事業極其廣大，盡一切劫也說不盡，因而證得三世平等的清淨法身與清淨色身。若聞其名，見其相、觸其身，或夢見者，都能不退大菩提。若能見其清淨法身，必定生於普賢菩薩的清淨身中，與普賢菩薩契含一體。

善財童子以清淨心見普賢菩薩的清淨法身，其身有無邊佛剎的如來出世，在大菩薩的圍繞中說種種法。就在此時，善財童子自見身中的一切佛剎，有無邊的佛化身，教化眾生發菩提心。善財又見自身普入普賢一一毛孔，於十方一切世界化度無量眾生。頓時之間，圓滿曠劫的修持，一一行門、一一願門都證入法界，菩薩行願無量無邊，等量具足如同普賢行願海。

善財童子朝聖行中一參一歷所積集的善根、智慧、福德，都比不上此時此刻與普賢菩薩法身相契相容的境界。而這一切不可思議的廣大境界，都是稱性而起的如幻影現。

圓滿生命的朝聖行

總結五十三參

善男子！我於爾所劫海中，自憶未曾於一念間不順佛教，於一念間生瞋害心、我我所心、自他差別心、遠離菩提心、於生死中起疲厭心、懶惰心、障礙心、迷惑心，唯住無上不可沮壞集一切智助道之法大菩提心。

人生的道路怎麼走，有很多選擇，有人希望功成名就，有人希望家庭幸福，有人希望成聖成賢，每個人都有他的夢想，最後的結果就是圖個圓滿順利，最好事事都能圓滿無礙。

世出世間最圓滿無礙的就是佛的境界，暢談佛境界的《華嚴經》，在最後一品〈入法界品〉談到如何證入佛境界，是託善財童子的朝聖行做為示範。

孤獨走向圓滿

善財童子窮盡一生的歲月，都致力於參訪善知識，從青年童子到皓皓白首，始終都是踽踽獨行，一座城池走過一座城池，一路上獨自一人面對各種困難挑戰，或孤單寂寞、或喜悅法樂，一切的情境和感受，善財童子都是自己全然承受，沒有人分憂解勞，也沒有人相伴分享，唯一的伴侶就是善知識教導的法，以及最初興發的那一念道心。

心的本質是空，倘若無法安住於空，內心就會渴求填滿。社會心理學家發現，上班族一回到家就打開電視、收音機，要有聲音、影像在旁邊，這是因為像無頭蒼蠅般忙碌的人們，最怕寂靜的孤獨。孤獨，其實是人面對內在自我最真實的時刻。人從孤獨而來，終將孤獨離去，人生免不了孤獨。

孤獨是生命圓滿的開始，人要走向圓滿，必須走入內在的自己，只有和自我獨處，才會看見內在最真實的自己。充盈的生命是不怕孤獨，而且喜歡孤獨，莊子曾說：「獨與天地精神相往來。」孤獨，能看見自己，也能看見在己之內的宇宙。

善財童子的孤獨行旅，其實是走向內在心靈最豐盈的旅程。人欲求生命圓滿，必然要經歷昇華的歷程，《華嚴經》託善財童子鋪展生命轉化的歷程，統歸收攝為七個階段——信、住、行、迴向、地、等覺、妙覺，也就是善財童子參訪五十三位善知識的生命層境，善財童子一一證入，最終完成圓滿的生命境界。

圓滿生命的階位

善財童子獨自完成這趟朝聖行，支持他貫徹始終的核心力量，來自於文殊菩薩的啟蒙。文殊菩薩開啟善財童子追求真理的道心，以及嚮往不可思議解脫境界的信心，這份最初衷的熱忱，讓他不畏艱難、永不退怯地朝向解脫之道，這是證入「信」位的力量。

基於這份初始的求道熱情，善財童子開始參學，首先參拜的是寄於「住」位的十名善知識，他們都是安住於真理的善知識，同時打下善財童子解門的基礎，分別是：德雲比丘、海雲比丘、善住比丘、彌伽居士、解脫長者、海幢比丘、休捨優婆夷、毘目瞿沙仙人、勝熱婆羅門、慈行童女。

其次參訪寄於「行」位的十名善知識，他們廣行十度法門，分別是：善見比丘、自在主童子、具足優婆夷、明智居士、法寶髻長者、普眼長者、無厭足王、大光王、不動優婆夷、遍行外道。

之後參學的是寄於「迴向」位的十名善知識，他們都是力行上求佛道、下化眾生的菩薩，分別是：鬻香長者、婆施羅船師、無上勝長者、師子頻申比丘尼、婆須蜜多女、瑟胝羅居士、觀自在菩薩、正趣菩薩、大天神、安住地神。

再參學的是寄於「地」位的十名善知識，他們是實證真理，心地寬廣有如大地般能包容、生養一切，分別是：婆珊婆演底夜神、普德淨光夜神、喜目觀察眾生夜神、普救眾生妙德夜神、寂靜音海夜神、守護一切城夜神、開敷一切樹華夜神、大願精進力夜神、妙德圓滿神、瞿波釋種女。

而後參訪寄於「等覺」位的十二名善知識，他們等同於佛，分別是：摩耶佛母、天主光王女、遍友童子、善知眾藝童子、賢勝優婆夷、堅固解脫長者、妙月長者、無勝軍長者、最寂靜婆羅門、德生童子、有德童女、彌勒菩薩、文殊菩薩。

最後當善財童子見到寄位於「妙覺位」的普賢菩薩，表示善財童子的心行業經認可，是位一生證入佛位的成就者了。

內在聖地的行旅

善財童子雖然參訪了五十三位善知識，走過一百一十多座城池，但是真正的朝聖行，不在於朝拜過多少聖地、參訪過多少善知識，而是生命在這些經歷中，開啟了多少美善的面向。外在的種種因緣都是為了開啟隱蔽的覺性，我們的佛性本是具足一切，只因我們都向外看、向外求，內在生命的完整性就無法呈現，只有內外通透，彰顯一切的圓滿，才能走到究竟的永恆聖地。

琉璃文學 24

尋找善知識——《華嚴經》善財童子五十三參

In Search of Wise Teachers:
Fifty-three Visits of Sudhana in the *Avatamsaka Sutra*

著者	陳琪瑛
攝影	李治華（頁101、241）、黃文華（頁25、173）
出版	法鼓文化
總監	釋果賢
總編輯	陳重光
編輯	李金瑛
封面設計	小山絵
版型設計	化外設計有限公司
內頁美編	小工
地址	臺北市北投區公館路186號5樓
電話	(02)2893-4646
傳真	(02)2896-0731
網址	http://www.ddc.com.tw
E-mail	market@ddc.com.tw
讀者服務專線	(02)2896-1600
初版一刷	2012年7月
初版七刷	2024年1月
建議售價	新臺幣320元
郵撥帳號	50013371
戶名	財團法人法鼓山文教基金會—法鼓文化
北美經銷處	紐約東初禪寺 Chan Meditation Center (New York, USA) Tel: (718)592-6593 E-mail:chancenter@gmail.com

法鼓文化

國家圖書館出版品預行編目資料

尋找善知識：《華嚴經》善財童子五十三參 / 陳琪瑛著. -- 初版. -- 臺北市：法鼓文化, 2012. 07

面； 公分

ISBN 978-957-598-592-9（平裝）

1. 華嚴部 2. 通俗作品

221.29 101011685